이란의 역사

이슬람의 유입에서 이슬람 혁명까지

차례
Contents

이슬람 출현 이후의 이란

사산조 페르시아와 동로마 제국 간의 오랜 전쟁으로 동·서 거대 제국의 힘이 거의 소진되었을 무렵 양 제국의 틈에서 급격히 성장한 것이 이슬람 세력이다. 로마와의 전쟁과 내부의 혼란으로 이슬람의 급속한 팽창을 저지할 만한 힘이 없었던 사산조 페르시아는 곧 이슬람의 손에 들어가게 된다.

그러나 사산조 페르시아가 이슬람에게 패망한 후에 이란 사람들이 급격하게 이슬람으로 개종한 것은 아니다. 이슬람 정복자들은 이란인들의 마음을 사기 위해 사산조 시대보다 적은 세금을 거두어 들였고 개종하는 사람들에게는 세금을 경감해 주었다. 이런 이유로 도시민들은 빠른 속도로 개종이 진행되었지만 조로아스터교의 가르침을 바탕으로 삶의 방식을 꾸

렸던 지방 농민들은 쉽게 개종하지 않았다.

아랍인들은 처음 이란을 정복하고 나서 이란의 많은 문화유산을 파괴하였다. 사산조의 건물과 물품 심지어 금, 은, 철로 만든 예술품들을 녹여 버리기까지 하였다. 당연히 귀한 보석으로 장식된 조각과 미술품들은 보석만 빼내거나 조각조각 내어 점령군들이 나누어 가지기도 하였다.

그러나 시간이 지나면서 이들은 파괴했던 페르시아의 문화를 배우기 시작하고 사산조 및 그 이전의 페르시아 제국의 정치 형태와 행정 경험, 소수민족을 다루는 정치술 등을 모방하기 시작했다. 아랍인들보다 교육 수준이 높았던 페르시아인들을 행정 관료로 채용하기 시작하면서 페르시아 문화가 급속히 이슬람으로 들어왔다. 압바스 왕조는 수도를 과거 사산조의 수도였던 크테시폰 인근의 바그다드로 정하면서 궁중 문화를 포함한 정치, 경제, 사회 시스템이 이슬람 안으로 급속히 들어온다.

페르시아는 알렉산더에 의해 정복당한 후 셀레우코스와 파르티아를 거치면서 헬레니즘 문화를 꽃피우는 문화의 중심지로 변했다. 이슬람에 의해 정복당한 후에도 과도기를 거치기는 했지만 이슬람 문명을 꽃피우는 중심 세력으로 성장한다. 그러나 안타까운 사실은 헬레니즘 이후 사산조라는 페르시아 왕국이 들어서면서 페르시아의 힘과 문화가 더욱 발전했다면 이슬람이 들어온 이후로는 과거 페르시아의 영광을 아직 회복하지 못하고 있다는 점이다.

이란의 이슬람화

이란에 처음으로 무슬림이 들어온 시기는 사산조 말기 호스로우 2세 때의 일이다. 호스로우 2세가 예루살렘과 다마스커스까지 점령한 뒤 가져온 십자가와 예수의 유품으로 인해 다시 전쟁이 시작된다. 이 전쟁에서 비잔틴 황제 헤라클리우스가 크테시폰 근처까지 공격해 들어오면서 호스로우의 군대는 철수를 한다. 이 과정에서 아랍에 있던 사산조 군대 안에 무슬림들이 함께 돌아온다.

그러나 본격적인 이슬람의 유입은 무함마드 사후 아부바크르의 군대가 637년 사산조의 수도 크테시폰을 점령하고 이란 고원으로 세력을 확장하면서부터이다.

이란 독립 왕조의 진원지 호라산

4대에 걸친 정통 칼리프 시대가 끝난 후 이슬람 세계는 아랍 왕조라 불리는 우마이야 왕조(661~750)의 지배를 받는다. 이들은 원로회의를 통한 지도자 선출이라는 이슬람의 전통을 무시하고 혈족 세습으로 아랍인 중심의 왕조를 세웠다. 이슬람을 받아들인 이란은 세습 아랍 왕조가 이슬람 전통에 위배됨을 주장하며 독립운동을 진행했다. 가장 명분 있는 저항운동의 근거가 바로 종교 교리를 내세우는 것이었다.

끊임없이 진행되던 우마이야 왕조에 대한 저항은 이라크와

이란 북동부 호라산을 중심으로 이루어졌다. 이라크 중에서는
쿠파 지역이 중심지였는데 이곳에는 저항세력을 키우는 데 한
계가 있었다. 시아 이슬람의 태동이 된 카르발라의 후세인 순
교 사건도 쿠파의 사람들과 관련이 있었고, 또한 이곳은 우마
이야 왕조보다 무함마드의 사위이자 사촌인 4대 정통 칼리프
알리를 추종하는 시아 이슬람의 근거지였기 때문에 늘 우마이
야 왕조의 관심과 통제의 대상이 되었다. 자연히 우마이야 왕
조의 중심지인 시리아와 먼 이란 동부의 호라산이 가장 큰 저
항의 중심지가 되었다.

이 외에도 호라산 지역으로 이주한 많은 아랍인들이 이란
인들을 무시하고 무례한 행동을 하였기 때문에 아랍인들과의
직접적인 갈등 문제도 있었다.

이런 잠재된 불안 요소들로 인해 우마이야 왕조의 통치에
불만을 가진 아랍 귀족층들과 정치·종교 지도자들이 호라산
사람들을 선동하였다. 그러나 무엇보다 호라산이 저항의 중심
지가 된 중요한 이유는 종교적 열정을 가진 사람들과 정치적
독립을 원하는 이란인들의 연합에 있다. 이들 중에 아부 무슬
림을 중심으로 '검은 옷을 입은 자'들로 불리는 무리들이 우
마이야 왕조에 대항하여 이란의 독립운동을 진행했다.

우마이야 왕조가 멸망하고 압바스 왕조가 등장하면서 이란
인들의 정치·사회적 위치는 많이 변화되었다. 압바스 왕조는
이슬람 제국을 표방하며 아랍인들보다 천 년 이상 제국을 운
영해 본 경험이 있는 이란인들을 중용하였다. 이들은 압바스

왕조의 구석구석에서 일하며 왕조를 운영하는 데 일조하였고 지방 책임자인 아미르로 임명되기 시작하였다.

압바스 왕조 시기의 독립운동 세력들

아부 무슬림의 죽음은 많은 곳에서 종교·정치적 저항을 낳았다. 아부 무슬림의 복수를 외치며 사람들이 봉기했고 이것이 독립왕조의 건설로 이어졌다.

압바스 왕조 시기의 정치·사회적 저항과 봉기에는 다양한 계층에 따른 몇 가지 이유가 존재했다.

첫 번째로 이란의 고대 종교인 조로아스터교의 부활을 외치는 무리이다. 이들은 조로아스터교를 바탕으로 새롭게 등장한 종교인 이슬람의 통합을 언급하며 스스로를 선지자라고 주장했다. 헤버프와 니샤푸르에서 조로아스터교의 새로운 선지자임을 자처했던 베어프리드가 있었고, 또한 에스허게 투르크라는 사람은 스스로를 조로아스터교의 메시아인 사오쉬얀트(Saoshyant)라고 주장하기도 했다. 아부 무슬림 군대의 장군 중에 조로아스터교인이었던 산버드도 아부 무슬림의 복수를 외치며 그의 군대와 함께 봉기하기도 했다. 이런 관점으로 접근한 반란이 실패한 이유는 이미 대다수의 사람들이 이슬람으로 개종한 상황에서 이슬람을 거부하고 새로운 종교를 강요함으로써 이란 무슬림들의 지지를 얻지 못했기 때문이다. 또 그 당시까지도 사산조 말기에 조로아스터교 사제인 모베드의 통치

7

로 인해 받았던 고통과 상처가 남아 있어 반란에 대한 공감을
얻지 못했다.

두 번째는 옛 페르시아 제국인 사산 왕조의 복원을 주장한
이들이다. 대표적인 사람들이 마지여르와 마르더비즈를 중심
으로 한 세력들이다. 이들은 사산 왕조를 그리워하는 사람들
의 마음을 이용했다. 반란을 일으킨 대부분의 지도자들은 사
산조 시대에 부유한 귀족 계층이었다가 이슬람이 들어온 이후
그들의 부와 권력을 잃은 사람들이었다. 이들은 당시 이란인
들에게 영향력이 그다지 많지 않았기 때문에 실패했다.

세 번째는 이슬람 세계에 정치적 영향력을 확대하고자 하
는 의도에서 시작된 반란이다. 당시 이란 이슬람 사회에는 새
로운 계층이 등장했고 타히르조와 사파르조가 바로 이들을 기
반으로 성공한 사례이다.

네 번째는 시아 이슬람을 받아들이고 정치적·문화적 독립
을 추구하려는 시도였다.

이란계 독립왕국들의 출현

이슬람의 급격한 팽창으로 칼리프는 이슬람 제국을 효율적으로 다스릴 방법들을 강구했다. 특히 압바스 왕조에 이르면서 이슬람 제국의 영토가 광대해지자 과거 페르시아의 거대 제국들이 사용했던 방법들을 모방하여 사용하기 시작한다. 칼리프들은 자신의 영토를 나누어서 신임하는 장군들을 아미르라고 불리는 지방의 총독으로 파견하였다. 이들은 각 지역에서 칼리프를 대신하여 막강한 권력을 휘둘렀으며 힘이 강해지자 점차 칼리프로부터 독립하려는 움직임들이 일어났다. 9세기에 들어서면서 이란에서도 이러한 움직임이 본격화되기 시작하였다.

이슬람 침입 이후 첫 독립왕조 타히르조의 출현

당시 호라산은 중앙아시아와 국경을 마주하고 있는 압바스
왕조의 전략적 요충지였다. 9세기 초반 압바스 왕조의 칼리프
마문은 유능한 장수 중 하나였던 타히르(Tahir)를 호라산에 아
미르로 파견했다. 타히르는 칼리파 직을 차지하기 위한 마문
과 아민 형제간의 권력 투쟁에서, 마문 편에서 아민이 있던 바
그다드를 공격하여 점령하는 큰 공을 세웠다. 이후 마문의 총
애를 받으며 승승장구하여 마침내 중요 요충지인 호라산의 아
미르로 임명을 받았다. 이란의 독립왕국을 세우고자 하는 뜻
을 가지고 있던 그는 이 기회를 이용하여 독립왕조 건설에 성
공한다. 비록 압바스조에 충성을 맹세하고 칼리프로부터 인정
을 받는 반독립적 왕조였지만, 칼리프의 이름 외에 자신의
이름도 후트바(Khutbah: 금요 예배 중에 알라와 예언자 그리고 칼리프를
호명하는 관행)에 넣었으며 자신의 이름으로 주화를 주조하기도
하였다. 당시 칼리프의 골칫거리였던 시스탄 지역의 카와리즈
(떠난 자들)파들을 타히르의 군대가 제압하면서 칼리프는 타히
르의 후손들이 그곳의 아미르로 세습할 수 있도록 인정해 주
었다.

그의 후계자 압둘라 이븐 타히르의 시기가 타히르조(821~
873)의 황금기이다. 그는 이란인들의 잠재력이 소멸되지 않도
록 모든 아이들이 의무적으로 학교에 가는 의무교육을 처음으
로 실시했다. 그는 농업에도 각별한 관심을 가져 당시 농사를

위해 필요했던 가나트(Qanat, 지하수로)에 대해서 연구를 시켰고
책을 만들게 했다. 이 책은 오랫동안 이란 농업을 위한 지침서
가 되었다. 이란 농업을 피폐하게 만들었던 지방 영주의 과도
한 세금을 금지시켜 농민들을 보호하려 노력했다.

타히르조의 통치는 반세기가 넘어가면서 점점 힘을 잃었다.
국력을 소진시킨 가장 큰 원인들은 시스탄을 근거지로 하는
카와리즈의 끊임없는 폭동이다. 그 외에도 야쿱라이스를 포함
한 도적들의 출현 그리고 타바레스탄(지금의 마잔다란)의 알라비
연 운동 등이 타히르조를 괴롭혔다. 결국 타히르조는 야쿱라
이스의 사파르조에 의해 멸망하게 된다.

타히르조는 압바스 왕조로부터 완전한 독립을 쟁취하지는
못했다. 정기적으로 선물과 세금을 바그다드로 보냈으며 칼리
프에 충성을 맹세했다. 그러나 타히르조는 지방 총독직을 세습
할 수 있는 권리를 가졌으며 호라산 지역의 지방 관리들을 스
스로 다스리고 임명하는 정부로서의 권위를 가지고 있었다.

바박의 반란과 타히르조의 쇠퇴

타히르조의 주요 통치 지역은 호라산을 중심으로 하는 이
란의 동부 지역이었다. 그러나 이란의 서부, 현재의 아제르바
이잔 지역은 여전히 압바스조의 통치 아래 있었다. 타히르조
초기에 아제르바이잔에서 바박(Babak)이라는 사람이 반란을 일
으켰다. 반란 초기 압바스 군대를 제압하며 급격한 세력 팽창

11

을 이루었다. 20여 년간 압바스조의 골칫거리였지만 결국 진압되고 말았다.

바박의 반란이 진압된 이후 현재 마잔다란인 타바레스탄 지역에서 머지여르라는 또 다른 인물에 의해서 반란이 일어났다. 물론 곧 타히르조의 군대에 의해 진압되기는 했지만 이 두 사건으로 인해 타히르조의 군사적 관심과 경계가 이란 서부 지역에 집중되면서 건국 초기에 진압한 이란 동부의 카와리즈파가 다시금 활동할 수 있는 계기가 마련되었다. 타히르조의 마지막 아미르인 아흐무드 이븐 타히르는 강력한 힘을 구축하지 못했으며 결국 9세기 말 야쿱라이스에 의해 멸망한다.

이란 북부의 카스피 해 인근의 길란과 마잔다란 지역은 험악한 산악 지형으로 둘러싸인 지역적·지리적 특징으로 압바스조나 타히르조의 영향력이 미치지 않아서 시아파를 포함한 당시 정권에 반대하던 많은 무리들이 그곳으로 피난하여 폭동을 일으킬 수 있는 근거지로 사용되었다.

야쿱라이스의 사파르조

이란에서 출현한 두 번째 독립왕조는 사파르조(Safar, 867~1495)이다. 이 왕조를 세운 야쿱라이스는 구리세공업(이란어로 '사파르')에 종사했던 자로 시스탄에 자신의 왕조를 세운다. 당시 시스탄은 풍부한 물을 바탕으로 농업이 번창한 풍요로운 지역으로 인도를 포함한 주변국들과 무역을 하던 곳이었다.

그러나 이곳으로 이주한 아랍 이주민들의 지나친 차별 정책으로 사람들의 불만은 극에 달했으며, 타히르조의 국력이 쇠약해지면서 카와리즈의 반란이 계속되어 많은 사람들이 불안과 두려움 속에 살고 있었다.

이 시기에 등장한 사람이 바로 야쿱라이스이다. 그는 그의 형제들 그리고 그를 추종하는 동료들과 함께 카와리즈 세력을 물리치고 당시 실크로드를 이용하던 상인들을 습격하여 얻은 노획물을 가난한 사람들에게 나누어 주어 인기와 명성을 얻는다.

그는 초기 그의 동료들과 함께 시스탄에 있던 타히르조를 몰아내고 지방 영주들의 땅을 점령하면서 세력을 키웠고, 칼리프를 대신하여 현재 아프가니스탄의 발흐와 카불까지 출병하여 이 지역을 정복하면서 이란 동부 지역을 점령해 나간다. 그는 이때까지만 해도 칼리프에게 충성하는 지방 총독의 역할을 충실히 하였다. 그러나 점점 야쿱라이스의 영역이 확대되면서 타히르조와 대결이 불가피했으며 결국 니셔푸르를 점령하고 타히르조를 멸망시킨다. 이 일로 인해 타히르조를 지지하던 칼리프와의 관계는 급속히 악화되었다. 급기야 사파르조는 칼리프의 영토인 파르스와 후제스탄에 군대를 파병하고 계속해서 바그다드까지 진격해 들어간다. 그러나 이 전쟁에서 패배한 야쿱라이스는 병을 얻어 죽게 된다.

야쿱라이스는 자신의 이름을 새긴 금화를 주조하였으며, 자신을 찬양하는 시를 페르시아어로 짓게 하여 이슬람이 들어오면서 주춤해진 페르시아어와 이란 문화를 복원하는 등의 업적을 남겼다.

한편 야쿱라이스와 칼리프의 대립을 못마땅하게 여기던 후계자, 동생 아므로라이스는 칼리프에게 세금을 바치고 충성을 맹세한다. 이에 칼리프는 그를 동부 이란의 지방 총독으로 임명한다. 아므로라이스가 지배하는 동안 사파르조의 영토는 넓어지고 힘이 강성해졌다. 그러나 아므로라이스의 성장을 경계하던 칼리프는 경쟁 세력이었던 사만조를 이용하여 사파르조를 견제한다. 칼리프는 결국 사만조의 이스마일 1세를 부추겨 사파르조를 공격하게 한다. 승리한 이스마일 1세는 아므로라이스를 포로로 잡아 바그다드로 압송한다. 결국 아므로라이스는 바그다드에서 생을 마감하고 지도자를 잃은 사파르조는 15세기 말까지 존속하지만 시스탄 지역만 지배하는 지방 소왕조로 전락한다.

이란의 문화 부흥, 사만조의 등장

사만조(Saman, 875~1005)를 세운 이스마일 1세는 현재 아프가니스탄 발흐 지역 출신으로 자신을 사산조 페르시아 시대의 장군이었던 바흐람 추빈의 후손으로 소개했다. 그는 무슬림으로 개종한 후에 현재 아랄 해 인근인 트랜스옥시아나 지역의 도시들을 차례로 점령하면서 사만조를 키워간다. 이스마일 1세의 아버지는 국경 지대의 장군으로 투르크인들과의 전쟁으로 권력을 쟁취하였고, 그의 아들인 이스마일 1세 때에 이르러 영토 확장과 함께 부하라(현재 우즈베키스탄의 도시)에 수도를 정하고 나라를 세운다. 부하라는 당시 중앙아시아, 중동, 유럽을 잇는 중계무역의 중심지로 바그다드에 버금가는 도시로 급속하게 성장한다.

사만조는 100년 이상 지속되었으며 그 기간 동안 아랄 해 인근 지역, 호라산, 고르간, 마잔다란, 레이(현재 테헤란)와 시스탄 지역까지 점령하였다. 이스마일 1세는 용맹하고 정의로운 사람으로 영토 확장과 국내 안정을 위해서 농업을 장려하였다. 사만조에 이르러서 이란의 이전 영토들을 회복하기 시작했다. 이스마일 1세와 그의 후손들은 뛰어난 재상이었던 발라미, 제이허니와 함께 국내 정치도 안정시켰다.

사만조의 가장 큰 역할은 이슬람 침입 후에 잠들어 있던 페르시아 문화를 부활시킨 것이다. 사만조의 총독들은 페르시아어의 복원에 관심을 가지고 있었으며 시인과 작가, 지식인들을 지원하였다. 이란의 가장 위대한 서정시인 중 하나인 루다키, 『샤나메(Shahname, 왕의 서)』를 쓴 이란 최고의 문호 페르도우시, 다방면의 뛰어난 지식인이었던 아부알리시너 그리고 최고의 현자 아부리허네 비루니도 사만조 시대 사람이다.

사만조의 쇠퇴

사만조는 초기 뛰어난 정치가들을 등용하면서 국내 정치를 안정시켰지만 곧 국내외에서 여러 문제가 불거져 나왔다. 가장 큰 문제의 원인은 사만조가 등용한 투르크계 군인들이었다. 사만조는 바그다드에 투르크계 노예들을 용병으로 제공했을 뿐만 아니라 직접 이들을 고용하였다. 이들은 노예에서 시작하였지만 용맹하고 전투에 능했기 때문에 많은 자들이 장군으로 임명되었고 그중에서는 최고사령관까지 오르는 사람이 생겨났다. 이들이 점점 권력의 중심부로 들어오면서 국내 문제에 간섭하기 시작하였다. 이들의 지나친 내정 간섭은 사회적 갈등을 야기했다.

이외에도 주변에 강력한 국가들이 등장하면서 전운이 감돌았다. 서쪽에서는 부예조가 등장했고 동쪽에는 투르크계 알아프러시엽(거란족)이 침입하기 시작했다. 결국 알아프러시엽의 공격으로 수도인 부하라가 함락되고 사만조는 멸망한다.

Tip. 카와리즈 운동

떠난 자 혹은 이탈자라는 뜻의 카와리즈(Khawarij)는 4대 정통 칼리프인 알리와 다마스커스 총독이던 무아위야(후에 우마이야조의 창시자가 됨)와의 전쟁인 시판(siffin) 전투에서 알리가 무아위야와 협상하자 이에 반대하여 알리에게서 떠난 자들이다.

이들은 이슬람 공동체(움마)의 지도자는 아랍인뿐만 아니라 믿음이 있는 누구나 될 수 있다고 주장했다. 그리고 후에는 중앙 정부 자체를 부정하고 부족중심주의로 돌아갈 것을 선동했다. 당연히 이들은 무정부주의 운동을 폈다. 초기에 순수한 신앙운동으로 시작한 이들은 시간이 가면서 반정부 세력으로 커졌으며 어디를 가든지 문제를 일으키는 존재가 되었다. 이들의 손에 결국 4대 칼리프 알리는 죽임을 당한다.

대부분 이라크에서 진압되었지만 남아있는 자들이 칼리프를 피해 가장 먼 지역인 이란 동부의 호라산과 시스탄 지역으로 도망가서 다시 카와리즈 운동을 일으켰고 이란계 독립왕국들의 골칫거리가 되었다.

데일람 왕조

타바레스탄 알라비조

오래전부터 이란인들은 카스피 해 연안 길란 산맥 지역을 '데일람'으로 마잔다란 지역을 '타바레스탄'으로 불렀다. 마잔 다란과 길란 지역은 카스피 해와 알보르즈의 험준한 산맥, 드 넓은 숲으로 천연의 요새를 형성했다. 이 천연 요새는 아랍의 이슬람군이 쳐들어 왔을 때도 끝까지 저항할 수 있었던 곳으로 시간이 지나면서 시아파를 포함한 반反압바스 성향의 단체들의 본거지가 되었다. 이 지역 사람들은 용감하고 강력한 전투 능력을 갖추고 있어 우마이야나 압바스조의 위협이 되었다. 이들은 10세기가 돼서 이슬람화 되었고, 타바레스탄과 데

일람 지역에 이슬람 국가들이 등장하게 된다.

이들의 이슬람화는 무력에 의한 것이 아니라 알리의 후손이라고 알려진 알라비들에 의해서 진행되었다. 9세기 무렵 타히르조의 통치를 받던 타바레스탄(현재 마잔다란) 지역은 높은 세금과 폭정으로 인해 원성이 높았다. 이곳에서 알리의 후손들은 가난하고 고통 받는 백성들을 위로하고 도움을 주면서 타바레스탄 사람들의 마음을 사로잡았다. 이들로 인해 이곳에 시아파의 영향력이 급속히 확대되고 개종자도 급격히 늘기 시작했다. 결국 타히르조의 폭정을 참다못해 알라비의 지도자였던 하산 이븐 제이드를 중심으로 타히르조에 대한 반란을 일으킨다.

9세기 중반 이들은 타바레스탄 지역에서 타히르조를 몰아내고 자신들만의 왕조를 세우니 이것이 바로 '타바레스탄의 알라비 왕조'(864~940)이다. 이들은 시아파를 표방하였고 이란 북쪽 지역의 많은 도적들을 소탕하면서 고르간, 레이(현재 테헤란 인근), 가즈빈까지 세력을 확장하였다.

하산 이븐 제이드가 사망한 후에 알라비조는 부침을 거듭하다가 '너세르카비르'라고 불리는 하산 이븐 알리가 권력을 잡으면서 혼란을 수습하였다. 그는 가난한 사람들을 위해 공정한 재판을 하고 도움과 지원을 아끼지 않았지만 그가 죽은 후 다시 혼란에 빠지면서 결국 940년 데일람의 지여르조에게 복속된다.

데일람의 지여르조

10세기 초반 알라비조가 사만조에게 함락당한 후 수많은 장군들과 군인들이 지도자의 부재로 인해서 유랑을 하게 된다. 이들은 떠돌아다니다가 곧 사만조에 들어가 복무하게 된다. 그중에 '마르더비즈'가 있었으니 그는 지여르의 아들로서 독립왕조를 세우고자 하는 열망을 품고 사만조의 장군으로 활동한다. 그는 곧 고르간과 타바레스탄을 점령한 후에 이란의 중부 지역과 서부 지역을 점령하고 에스파한을 수도로 지여르조를 세운다. 그는 주변의 작은 군소 세력들 그리고 사만조와 끊임없는 전쟁을 치렀으며 특히 아랍족과 이슬람에 대한 적대적 감정을 드러내었다. 또한 이슬람 이전의 이란 왕조에 관심을 가지고 당시의 문화와 관습을 장려하였다. 특히 사산조의 복원에 힘을 쏟았으며 자신의 왕관도 호르모즈 1세의 것을 본떠 만들었으며 금으로 된 보좌에 앉아서 국정을 보았다. 또한 노우르즈(조로아스터교의 신년 축제로 3월 21일이다) 같은 이슬람 이전의 명절을 복원하여 축제를 행했다.

그는 투르크계 노예들을 군인으로 등용하였으나 노예 군인들에게 적절한 대우를 해주지 않아 결국 자신의 군대로부터 배신당하고 살해된다. 마르더비즈가 죽은 후 그의 동생이던 보슈기르가 정권을 장악한다. 그러나 곧 사만조의 공격에 의해 고르간을 제외한 대부분의 영토를 빼앗기고 결국 셀죽조에 의해 멸망당한다.

이란의 정치적 재기, 시아파 부예조

마르더비즈가 죽은 후 어부 출신인 부예의 세 아들 중 큰아들인 알리는 동생 하산, 아흐마드와 함께 부예조(932~1062)를 건국한다. 알리는 사만조의 군인으로 활동하다가 마르더비즈 밑에서 지방사령관을 지낸다. 현재 아락 인근의 영주로 있던 알리는 데일람의 용맹한 군인들과 함께 이란 중남부 지역으로 세력을 확장한다. 그는 지여르조의 수도였던 에스파한을 수도로 부예조를 건국한다. 쉬라즈를 근거지로 안정된 세력을 확보한 아흐마드는 압바스 왕조의 수도 바그다드를 공격하여 점령한다. 부예조는 허수아비 칼리프를 세우고 100여 년간 실질적인 무슬림 세계의 통치자가 된다.

이란 역사에서 부예조의 바그다드 점령은 특별한 의미를 가진다. 첫째, 당시 맘룩(투르크 노예용병)들에 의해 조종되던 이슬람 세계를 이란의 독립왕조가 자신들의 세력으로 만든 것이고, 둘째 12이맘 시아파를 표방하던 부예조가 이슬람 세계를 지배하면서 시아파의 세력이 힘을 얻어 시아 성직자들을 양성하고 이란에 시아파가 정착하는 계기를 만든 것이다.

알리(아머돌로레)는 아들이 없었으므로 동생 하산(루큰알돌레)의 아들인 아자도돌레를 후계자로 세웠다. 이 왕이 부예의 부흥을 이끈 왕으로 그는 치세 기간 동안 가장 강력한 왕조를 형성했다. 이란 왕조 중 최초로 칼리프로부터 왕이라는 칭호를 수여 받았으며 후트바(금요 예배 시 알라와 예언자와 칼리프의 이름을 호명하는 것) 시 타히르처럼 칼리프 다음으로 이름을 집어 넣기도 하였다. 그는 카르발라에 3대 이맘 후세인을 기리는 건물을 세웠으며 1대 이맘 알리의 묘비를 세우기도 하였다. 또한 이라크와 이란에 많은 건물을 세웠으며 특히 바그다드에 는 자신의 이름을 딴 아즈디 병원을 건립했다. 그곳에서는 단 지 병만 고친 것이 아니라 의학을 연구하고 가르쳤다.

그는 영토 확장에도 힘을 쏟아 호라산과 시스탄 등 사만조 의 대부분의 영토를 차지하였고 이란과 이라크 그리고 오만과 예멘을 포함한 아라비아 반도까지 점령하였다. 또한 파르스 주에 있는 코르 강에 '반드-아미르'라는 댐을 건설하기도 했 다. 농업에도 관심을 가져서 농민을 우대하고 농사를 장려하 였다. 이란이 자랑하는 의사이자 사상가인 아브알리시너(이븐 시너) 같은 유능한 사람들을 정치가로 등용하였다.

아자도돌레가 죽은 후에 그의 후손들은 넓은 영토에 각자 자신의 왕조를 건설하여 권력 다툼을 일삼았다. 하마단과 파 르스, 이라크를 중심으로 각 왕조가 형성되었으며 차츰 그들 의 통치력은 약화되었고 결국 셀죽조에게 패망했다.

투르크계 왕조의 등장

　투르크인이란 이란의 동쪽인 중앙아시아에 살던 민족으로 투르크계 언어를 사용하고 유목생활을 하는 종족을 일컫는다. 사산조 시기에 몇 차례 페르시아를 침략하지만 성공하지 못하고 자신의 지역으로 돌아간다. 이슬람 등장 후 이슬람 군대가 투르크인들이 살던 중앙아시아를 공격하면서 이들은 이슬람으로 개종한다. 이슬람화된 투르크인들이 사만조 시기에 대거 '맘룩'이라는 전쟁 노예 혹은 용병으로 이란과 이슬람 세계로 들어온다. 이들은 사만조 말기에 군사령관 등 고위직을 차지하기 시작하였고 사회 중심 세력으로 성장하여 10세기에서 13세기까지 가즈나, 셀죽, 하라즘샤라는 세 왕조를 이란에 건립하였다. 이들이 이란의 독립왕조로 분류되는 이유는 이란 지역에 나라를 세운 것뿐만 아니라 이들은 페르시아 즉, 이란 문화에 심취하여 자신들의 공용어도 페르시아어로 사용하여 이란 문화를 지속·발전시켰기 때문이다. 이란 역사에서도 이 시기를 투르크계 왕조의 시대라고 분류하고 있다.

이란에 세워진 첫 번째 투르크계 왕조, 가즈나조

사만 왕조의 투르크계 군사령관(맘룩 출신) 중 한 명인 알프테킨(Alptegin)은 가즈네를 중심으로 가즈나조(977~1086)를 건국한다. 알프테킨 사후 그의 사위인 세북테킨(Sebuktegin)이 권력을 계승하고 곧 그의 아들인 마흐무드가 권력을 이으니 그가 가즈나조의 가장 위대한 지도자이자 실질적 독립을 쟁취한 왕이 된다. 마흐무드는 사만조를 무너뜨리고 카라한조(여진)와 함께 사만조의 전 영토를 나누어 가진다. 그는 바그다드의 칼리프로부터 '술탄'이라는 칭호를 받은 최초의 투르크인이 되었으며 영토 확장에 평생을 바쳤다. 그는 훌륭한 군대와 천운天運을 가진 자였다.

당시 주변 국가들이 내부 혼란에 빠져 있어 국력이 쇠약해 있었고 이 틈을 이용해 영토를 확장한다. 부예조는 후계자 문제로 나라가 나누어져 있었고 지여르조도 내부으로 인해 붕괴 직전이었다. 사파르조 또한 궁정 내부 갈등이 표면으로 드러나기 시작했고 '보물창고'라고 불리던 인도도 내부 갈등을 겪고 있었다. 그는 이 틈을 놓치지 않고 인도를 공격하여 많은 보물을 빼앗아 온다.

가즈나조의 인도 공격은 세북테킨 시기에 시작되었으며 술탄 마흐무드 시기에 절정을 이룬다. 인도 공격은 가즈나조에게 중요한 의미를 가진다.

첫째, 인도의 사원에 있는 많은 진귀한 보물들은 가즈나조의 세력 팽창을 위한 전쟁 지원금이 되었다. 둘째, 이슬람을 믿지 않던 인도를 정복함으로 이슬람 세력의 팽창이라는 대의명분을 가졌으며 이로 인해 '술탄'이라는 칭호를 압바스 왕조로부터 받았다. 셋째, 전쟁이 국가 운영의 기본이었던 가즈나조에게 인도는 새로운 자극과 동시에 내부 문제를 외부로 돌리는 해결책이었다.

술탄 마흐무드의 인도 공격으로 인도에 페르시아 문화와 이슬람 문화가 흘러들어 갔으며 이란어도 전해져서 인도어에 영향을 미쳤다. 이때 전파된 이란-무슬림식 건축양식으로 '타지마할' 같은 세기의 건축물이 나오게 된다.

술탄 마흐무드 사후 그의 아들인 술탄 마수드가 왕위를 이었지만 그는 왕위를 얻기 위해 형제간에 전쟁을 치렀으며 내부적으로도 아버지 술탄 마흐무드의 지지자들과 자신의 지지자들로 편이 나뉘어서 국정을 책임 있게 운영할 수 없었다. 또한 아버지만큼 국정 운영 능력과 관리 능력을 가지고 있지 않았다. 그는 뛰어난 재상이었던 하사나크를 반대파로 모함하여 사형시켰다. 또한 수많은 지역에 군대를 보내 재정을 낭비하고 인도의 점령에 국력을 소진하여 이란 북동부 지역인 아랄

해 인근의 트랜스옥시아나 지역을 소홀히 하였다. 그 결과 새롭게 성장하고 있던 셀죽조의 공격을 받고 왕이 쫓기는 신세가 되었다. 이 사건 이후 급격히 국력이 약화되어 가즈네인 지역의 소왕국으로 전락하게 된다.

새로운 강자 셀죽조

셀죽조(1038~1194)의 창시자인 토그롤 베이크(Toghrol Beik)는 자신의 선조 이름인 '셀주그'를 따서 셀죽이라는 나라를 건설한다. 셀죽조 사람들은 초기에 유목을 위해 초원을 따라 중앙아시아에서 트랜스옥시아나 지역과 호라산 지역에 들어왔다. 가즈나조의 술탄 마흐무드 시기에는 호라산의 국경지대 인근에 작은 부족에 불과했던 셀죽 부족은 술탄 마수드가 왕위로 등극하고 나라가 혼란해진 틈을 이용하여 니셔푸르와 마르브를 점령하며 세력을 키운다.

술탄 마수드는 이들을 몰아내려고 하였으나 단던건 전투에서 패하면서 호라산을 셀죽조에 빼앗기고 오히려 이들에게 쫓기게 된다. 토그롤은 가즈나조를 제압하고 지여르조의 잔존세력들을 없앤다. 그는 계속해서 이란 중부와 서부로 진격하여 부예조를 멸망시키고 오늘날의 팔레스타인, 레바논, 시리아 지역까지 영토를 확장했다.

부예조의 간섭에서 해방시켜 준 셀죽에 대해 바그다드의 칼리프는 권력을 인정해 주었고, 토그롤도 칼리프를 존중했다.

토그롤 사후 그의 후계자인 조카 알프 아르슬란(Alp-Arslan)은 토그롤의 확장 정책을 이어받아 동로마(비잔틴)를 공격하였다. 이때 말러즈게르드 전투에서 비잔틴 황제를 포로로 잡는 전과를 올린다. 이 전투는 역사적으로 중요한 전환점이 되는데 이 승리로 인해 소아시아(현재 터키)가 이슬람화 되었다. 후대 역사가들은 이 광대한 영토로 인해 셀죽조를 셀죽 제국이라고 부르게 된다.

토그롤이 나라를 세우고 알프아르슬란이 제국으로 성장시켰다면 그의 아들 술탄 말레크샤(Malekshah)는 셀죽조의 황금기를 연다. 그의 치세 동안 셀죽의 영토는 동쪽으로는 중국을 마주했으며 서쪽으로는 지중해 인근의 지역에 이르렀다. 이슬람이 발흥한 이후 중국과 마주한 것은 셀죽조가 처음이었다. 이 거대한 제국의 수도로 에스파한이 사용되었으며 말레크샤는 셀죽 최고의 왕으로 불리게 되었다.

중앙아시아의 유목민이었던 셀죽조는 거대한 제국을 다스릴 능력이 없음을 스스로도 잘 알고 있었기 때문에 거대한 제국을 세우고 운영한 경험이 있는 페르시아인들을 많이 등용하였다. 이들 중 뛰어난 인재들은 재상으로도 기용하여 나라를 효과적으로 통치했다. 이 때문에 셀죽조 시대를 '위대한 제상의 시대'라고도 말한다. 가장 유명한 제상으로는 말레크샤 시기의 제상 니잠 알 물크(Nizam al-Mulk)가 있다. 그는 자신의 이름을 딴 니저미야라는 학교를 바그다드와 니셔푸르를 포함한 큰 도시들에 세웠다. 이곳에는 당대의 유명한 학자들이 모여

들었고 많은 위대한 학자들을 배출하였다. 이 학교에 들어가는 비용은 각 도시에 사는 사람들의 후원에 의해 충당되었으며 이것은 후에 마드레세를 운영하는 일반적 방법으로 자리매김하였다.

셀죽조의 분열

셀죽조 확장의 가장 큰 힘은 셀죽 후손들의 연합과 위대한 재상의 정치력에 있었다. 그러나 말레크샤와 니잠 알 물크의 죽음 이후 셀죽조의 분열이 시작되었고 점차 쇠약해졌다. 그러나 나라가 혼란해진 가장 큰 원인은 아타베그(Atabeg: 할아버지 혹은 스승이라는 뜻) 세력의 증가이다.

셀죽조는 각 지방에 왕자들을 책임자로 보냈으며 경험이 없는 왕자들을 가르치며 도와주도록 아타베그라는 스승을 함께 보냈다. 이 아타베그들은 몇 가지 의무사항이 있었다. 첫 번째는 왕자들을 대신해 왕자가 성장할 때까지 각 지방을 잘 다스리는 것이고, 두 번째는 왕자들을 좋은 군주가 되도록 잘 가르치는 것이다. 이러한 책임을 가진 아타베그는 강력한 권력을 가질 수 있었으며 이들은 사회가 혼란해지면서 스스로 지방을 다스리기 시작했고, 심지어 독립을 선언하기도 했다. 이로 인해 셀죽조의 혼란은 가중되었다.

술탄 산자르는 쇠약해져 가는 셀죽을 다시 일으키려는 뜻을 품고 수도를 호라산의 마르브(현재 투르크메니스탄 내의 도시)로 천도한다. 이란의 북동쪽의 세력을 견제하기 위한 필수적인 조치였다. 그는 다시 옛 셀죽의 영토를 회복하기 위해 노력하였다.

당시 이란의 북동쪽에는 셀죽을 위협하는 세 가지 세력이 있었다. 가장 큰 적은 카라한조로 이들과의 전쟁에서 패하면서 셀죽은 많은 군사들을 잃는다.

두 번째 큰 적은 고즈라는 투르크계 연합 세력으로 이들은 호라산을 공격한다. 이들에게도 패한 술탄 산자르는 수도인 마르브를 빼앗기고 오랫동안 감금 생활을 당해야 했다.

마지막 위협 세력은 하라즘샤(Kharazm Shah)로 이들은 초기 셀죽조의 속국이었으나 셀죽조가 약해지고 많은 나라들에게 침략을 받게 되자 이들도 독립을 선언하고 호라산 지역을 정복하기에 이른다. 셀죽은 하라즘샤에게 대부분의 영토를 빼앗기고, 나머지는 아타베그와 셀죽조의 나머지 왕자들에 의해 분열되었다.

하라즘샤의 등장

하라즘의 영토는 현재 아랄 해라고 알려진 하라즘 호수의 남쪽 대부분이다. 트랜스옥시아나라고 불리는 이곳은 예부터 몇 가지 이유로 중요한 지역으로 불렸다.

첫째, 풍부한 물로 인해 비옥한 토지가 생성되었고 많은 농작물이 수확되는 곳이다.

둘째로는 동양과 서양을 연결하는 교통의 요지로 동서 무역의 중심지가 되었으며 실크로드 비단 무역의 중개무역지로 각광받게 되었다.

세 번째는 정치·군사적으로 볼 때 수위가 높은 옥수스 강(제이훈 강)과 그 곁가지로 뻗은 강 그리고 주변에 위치한 초원들로 인해 반독립적인 권력을 가지고 다스릴 수 있었고 이것들이 자연적 요새를 만들어 줘서 주변국들의 침입을 어렵게 만드는 지정학적 이점을 가지고 있었다.

트랜스옥시아나(이란어로 '머바러오나흐르') 지역이 이슬람화되면서 이곳은 이슬람 제국의 중요한 국경 지대가 되었다. 압바스 왕조 시기에는 이곳의 지방 총독은 칼리프에 의해 직접 임명되었으며 이들은 많은 특권을 누렸다. 그러나 가즈나조와 셀죽조 동안 이 투르크계 왕조의 지방 공국으로 속해 있었다.

셀죽의 말레크샤는 이곳에 자신의 심복인 아누쉬타킨을 지방 총독으로 임명하여 파견한다. 아누쉬타킨과 그의 뒤를 이어 지방 총독으로 임명된 아들 고트보딘은 독자적 왕조를 세우기 위해 하나씩 차근차근 준비해 나간다. 이들은 겉으로는 셀죽에 속해 있는 척하며 비밀리에 독립왕국 건설을 진행한다. 셀죽조가 산자르 왕의 몰락과 함께 급격히 국력이 기우는 시점을 시작으로 아누쉬타킨의 손자인 아트세즈는 완전한 독립을 쟁취하기 위한 실질적 작전을 수행한다. 그는 처음에는 셀죽에 충성을 하는 척하다가 얼마 뒤 셀죽의 왕조를 비난하고 비방하여 많은 사람들을 하라즘샤의 편으로 만들었다. 점점 세력을 키운 아트세즈는 결국 완전한 독립을 이루며 셀죽을 대체할 새로운 국가로 자처한다. 산자르 왕은 몇 번이나 이들을 정벌하였으나 그가 돌아가면 어느새 아트세즈는 다시 권력을 회복했다.

하라즘샤의 득세, 압바시아와의 대립

셀죽의 술탄 산자르가 죽은 지 1년이 지난 뒤 하라즘샤에 타케쉬라는 새로운 왕이 등장한다. 그는 경쟁자들을 물리치고 나날이 쇠약해져가는 셀죽에서 확고한 위치를 차지한다. 여기에 트랜스옥시아나 지역과 호라산과 이란 중부 지역까지 정복하고 셀죽의 마지막 술탄까지 제거한다. 후일 이란의 사가들은 타케쉬를 하라즘샤의 창시자로 간주한다.

타케쉬의 하라즘샤가 이란의 남부와 서부로 세력을 확장하면서 불가피하게 압바스 왕조와 대립하게 된다. 타케쉬는 셀죽의 술탄처럼 압바시아 칼리프로부터 권력을 인정받기 원했으나 당시 칼리프였던 알너세로딘올러는 그의 요청을 거부한다. 그는 다른 칼리프와 달리 칼리프의 권위와 권세를 예전처럼 회복하고자 했다. 아무튼 이 두 왕조의 갈등이 커지면서 전쟁 직전까지 갔으나 타케쉬가 사망하면서 갈등은 잠정 중단되었다.

타케쉬의 아들인 술탄 모함마드는 아버지의 뜻을 따라 영토 확장을 국정 운영의 최우선 과제로 삼았고 왕권을 공고히

했다. 그는 구르조와 카라한조를 정복하고 조공을 받았다. 이 시기가 하라즘샤가 가장 강성한 힘을 가질 때였다. 술탄 모함마드는 아버지의 숙원이었던 칼리프의 권력 승인을 다시 시도했지만 두 번째도 역시 거절당했다. 그는 군사를 일으켜 바그다드로 진격했지만 하메단 인근 지역에서 폭설을 만나 뜻을 이루지 못했다. 그 후 몽골의 침입으로 칼리프와 대적할 기회를 갖지 못했다.

술탄 모함마드는 영토 확장에 열을 올리며 국내 문제를 등한시하였고 그의 어머니인 타르컨 허툰이 국사를 간섭하면서 혼란을 부채질하였다. 이로 인해 사람들의 불만은 점점 쌓여 갔다. 술탄 모함마드는 말년에 하라즘샤 동부의 카라한조(여진)를 멸망시킨다. 그러나 많은 이란 역사가들은 이 일이 술탄 모함마드의 최대의 실수라고 지적하고 있다. 몽골 침입 시 제1차 방어선으로 사용될 수 있었던 카라한조가 없어지면서 몽골의 이란 침입이 수월해졌기 때문이다.

Tip. 산속의 이스마일파

시아 무슬림들은 6대 이맘 자파르 알 사딕이 죽고(765) 나서 장남인 이스마일 대신 작은 아들인 무사 알 카짐을 7대 이맘으로 선택했다. 이유인즉슨 장남 이스마일은 술을 마신다는 것이었다. 그러나 다른 시아 무슬림 중에서는 진정한 이맘으로 형인 이스마일을 추종하는 자들도 많이 있었다. 이들은 이스마일에게 신성한 계시의 능력이 있다고 믿었다.

이스마일의 집안에서 '숨은 이맘'(시아 이슬람의 구세주)이 나온다고 선언하면서 계승권을 지키기 위한 투쟁을 시작하였다. 이들을 '이스마일파' 혹은 이스마일을 포함하여 7명의 이맘을 숭배한다 하여 '일곱 이맘파'라고 부른다.

이들은 이 계승권 투쟁 과정에서 이슬람에 대한 이해를 발전시켰으며, 역동적인 선교 시스템을 구축해 나갔다. 그들은 시아파를 통합적 교의로 이끌었다. 특히 사산조 시대에 발생한 마니교의 영향을 받은 영지주의적 의례와 이원론적 사상을 도입했다. 이스마일파는 일반 대중에게는 초보적 신조만을 포교했다. 그러나 무함마드가 받는 계시의 표면적 의미 속의 내포된 진정한 내적 의미를 추구하는 사람들에게는 아주 정밀한 해석을 통해 포교했다. 이들은 대상에 따라 다른 선교 방법을 가지고 접근했다.

조용히 상황에 순응하며 '숨은 이맘'의 재림을 기다리는 열두 이맘파와는 다르게 이스마일파는 격렬한 투쟁을 통해 압바스 왕조의 칼리프를 타도하려 했다. 이들의 영향력은 오랫동안 지속되었다. 이스마일이 죽은 지 100년 정도 지난 9세기 말엽 압바스 왕조가 점차 쇠약해가는 틈을 이용하여 이라크에서 불만 있는 농민과 도시 노동자를 선동하여 반란을 일으켰다. 함단 카르마트(Hamdan Qarmat)의 지도 아래 카르마트(Qarmathian) 공화국을 세워서 11세기까지 이라크뿐만 아니라 예멘과 바레인에 영향을 미쳤다.

이스마일파의 가장 큰 성공은 909년에 자신을 '숨은 이맘'으로 선언한 우바이 둘라 알 마흐디(909~934)에 의해 이집트에 세워진 파티마 왕조이다. 이 왕국은 후에 튀니지의 시실리 섬에까지 영토를 확장한다. 969년에 그들은 이집트를 정복하고 옛 수도 푸스타트 근처에 새로운 도시를 건설하여 그 이름을 까이라(al-Qahirah, 승리자)라고 정하니 오늘날 카이로의 시작이다.

셀죽 시대에 이란에서 활발히 활동했던 이스마일파도 이집트의 파티마 왕조의 지원을 받는 것으로 알려져 셀죽조는 이스마일파를 진압하려 애를 썼다. 이들의 리더는 하산 사버흐라는 인물로 매우 영리하여서 많은 선교사들을 이란의 여러 지역에 보내 많은 사람들을 포섭했다. 동시에 카스피 해 남쪽에 있는 산속에 추종자들과 함께 난공불락의 요새를 만들었다. 이들이 십자군과 수니파 지도자들을 떨게 만들었던 암살단파이다. 이들은 대마초를 복용함으로써 천당의 쾌락을 미리 맛보게 되고 임무수행에 있어서는 초인간적 용기를 갖게 했다. 암살자라는 단어 'Assassin'은 이들이 복용했던 대마초를 뜻하는 아랍어 단어 al-Hashishin에서 유래하였다.

두 번째 외래 왕조 - 일한조와 티무르조

13세기 이란을 공포로 몰아넣었던 몽골인들은 중국 북부 지역의 춥고 건조한 지역에 사는 유목민이었다. 하라즘샤의 술탄 모함마드 시대에 몽골에서 시대를 바꾼 한 지도자가 나오니 그가 바로 칭기즈칸이다.

칭기즈칸은 오랜 전투 끝에 자신의 종족을 통일하고 주변 지역을 하나하나 정복해 나갔다. 그는 자신에게 대항하는 적에게는 무자비했으나 항복하는 사람들에게는 관용을 베풀었다. 몽골인들은 자신의 지도자인 칭기즈칸에게 목숨을 다해 충성했으며 그의 명령을 야사(Yasa)라고 부르며 생명을 걸고 완수하려 노력했다. 칭기즈칸은 중국을 공격하여 점령했으며 중앙아시아의 대부분의 지역을 정복하고 그 후 무역을 위해서 이란에 상인들을 보냈다.

몽골의 이란 침입

칭기즈칸의 상인들이 이란 동부의 국경 도시 중 하나인 우트라르(Utrar)에 도착했다. 우트라르의 지방 총독은 이들이 가지고 온 진귀한 물건을 보고 욕심이 생겨 무역을 위해 온 이들을 몽골의 첩자로 모함하여 감금했다. 그는 하라즘사의 술탄 모함마드에게 이들이 이란 침입을 위한 스파이니 죽이는 것이 좋겠다는 전갈을 보냈고 술탄은 이를 승인하였다. 이들을 모두 죽이고 이들이 가져온 진귀한 보물들을 우트라르의 지방 총독이 모두 가로챘다.

이 소식을 들은 칭기즈칸은 술탄 모함마드에게 우트라르의 지방 총독의 죄를 묻는 사절단을 보냈으나 이들도 술탄 모함마드에게 참수 당한다. 이에 화가 난 칭기즈칸은 출병하여 우트라르를 초토화 시킨다. 이것이 몽골의 제1차 침입의 시작이다(1218~1221).

칭기즈칸의 공격을 받은 술탄 모함마드는 이들과 제대로 한번 싸우지도 못하고 이리저리 도망다니다가 결국 카스피 해 인근 어베스쿤이라는 지역에서 죽게 된다. 몽골의 침략은 많은 이란인들의 저항에도 불구하고 막대한 피해를 입혔다. 이들은 큰 도시들을 철저히 파괴하고 무자비하게 정복하였다. 이들은 수십만의 사람들을 죽였으며 모든 도시를 황폐하게 만들었다. 이란 역사상 가장 치명적인 외침이 몽골의 침략이라고 기억될 정도이다.

술탄 모함마드의 아들 술탄 잘랄알딘는 몽골에 맞서 지속적인 저항을 전개하다가 몽골에 쫓겨 인도로 도망간다. 그는 칭기즈칸이 몽골로 돌아가서 죽자 이 기회를 놓치지 않고 이란으로 돌아와 다시 저항운동을 주도한다. 그러나 술탄 잘랄알딘이 암살당하면서 하라즘샤도 끝을 맞게 된다.

칭기즈칸은 말년에 그가 정복한 이란을 포함한 중국에서 유럽까지 이르는 거대한 영토를 네 명의 아들에게 나누어 주었으며 가장 큰 아들인 오구타이에게 후계권을 계승해 주었다. 후에 칭기즈칸의 아들들은 몽골의 지배를 인정하지 않고 반란을 일삼는 이란을 다시 공격하기로 결정한다. 앞에서 언급한 이스마일파 역시 자신들의 산속 요새를 본거지로 지속적으로 몽골에 저항했다. 바그다드의 칼리프도 몽골의 지배에 반대하였다.

결국 칭기즈칸의 손자인 훌라구(Hulagu)는 많은 군사들과 함께 이란을 다시 공격한다. 이것이 몽골의 제2차 침입이다(1253~1258). 그는 이스마일파를 진압했으며 바그다드까지 진격하여 정복하였다. 또한 압바스 왕조의 마지막 칼리프를 죽이고 멸망시켰다. 결국 1258년(이슬람력 656년), 압바스 왕조는 파란만장한 역사를 남기고 멸망한다. 몽골의 군대는 순순히 항복하는 곳을 제외하고 무자비하게 사람들을 죽이고 파괴했다.

일한조

홀라구는 소아시아의 지중해 연안은 물론 북아프리카와 유럽에 이르는 지역에 대한 정복 야욕을 가지고 있었다. 그러나 그가 레바논, 시리아, 팔레스타인 지역을 정복했을 무렵 몽골에서 형인 뭉케(Mongke)의 사망 소식을 듣고 후계 자리를 위해 전선을 휘하의 장수에게 맡기고 급거 몽골로 돌아간다. 그러나 그의 군대가 시나이 반도의 아인 잘루트(Ayn Jalut)에서 이집트군에 패하고 몽골에서는 쿠빌라이가 왕위를 계승했다는 이야기를 듣고 홀라구는 결국 이란에 정착한다. 그는 다시금 지중해 연안을 공격할 계획을 세우지만 아인 잘루트 전투의 패배를 회복하지 못한 채 이란에 머물게 된다. 몽골의 중앙 정부에서는 홀라구의 이란·이라크 지역의 통치권을 인정해 주었다.

홀라구와 그의 후계자들은 이란에 일한조(1256~1353)를 세우고 재상과 국정에 필요한 인물들을 이란인 중에 선택하여 등용했다. 유목 왕조였던 셀죽조의 '위대한 재상의 시대'처럼 일한 왕조도 그들의 거대한 제국을 운영하기 위해서 이란인들의 지혜가 필요했다. 몽골 왕조는 자신들의 유목민적인 습관을 버리고 이란의 문화에 동화되기 시작했다. 이 시기에 위대한 재상으로는 허제 나시레딘 투시가 있으며 그는 이란인들의 황폐한 삶의 회복을 위해 최선을 다해 일했다.

일한조 시대 중 '무함마드 가잔' 시대를 황금기로 꼽는데 그의 이름에서 짐작 할 수 있듯이 그는 무슬림이 되어 선대왕들의 다종교 정책을 포기하고 이슬람 중심의 정책을 시행하였다. 그의 정책은 지배층인 몽골과 피지배층인 이란인을 융합을 가져왔다. 그는 몽골 제국으로부터 완전한 자립을 이루었으며 라쉬드 알 딘(Rashid al-din)이라는 재상과 함께 이란의 개혁정책을 진행했다. 그는 내부의 많은 반란과 정적을 제거하고 몽골 지방관들이 행하던 폭정을 개혁하였다. 군인들에게 월급을 지급하여 이란인을 착취하는 시스템을 개혁하려 하였다. 이 외에도 정치, 경제, 문화, 학문 모든 영역의 발전을 가져왔다. 또한 농업을 장려하고 관개수로를 개선하였다. 많은 모스크를 세워 이란에 사는 몽골인들도 점차로 이슬람에 호감을 갖기 시작하였고 머지않아 대부분이 이슬람으로 개종하였다.

가잔 사후 일한조는 급속히 몰락한다. 다시 몽골의 지방사령관들이 힘을 갖기 시작하였고 이들이 국정에 개입하는 일이 잦아졌다. 결국 왕위까지 이들의 선택에 의해서 이루어는 상황에 처하면서 나라는 극도의 혼란에 휩싸인다. 특히 지방사령관들은 이란인 재상들이 자신들의 이익에 반反해서 국정을 운영했기 때문에 이들을 싫어했다. 마지막 일한조의 왕인 아부 사이드는 젊었지만 경험이 없었다. 자식 또한 없어서 그가 죽고 나자 일한의 영토는 지방사령관들과 많은 왕족들에 의해서 조각조각 나게 되었고 1353년(이슬람력 736년)에 결국 붕괴된다.

일한의 몰락 후 몽골의 군사령관들은 각자 자신의 지역에서 권력을 갖고 다른 지역과 전쟁을 일삼았다. 이들은 각 지역에서 자신들의 왕조를 선포하고 틈만 나면 다른 지역의 작은 군소 왕조를 침략했다. 이들 사이에서 전쟁의 승리에 따라 매일 왕조의 이름이 바뀌어 졌으며 그 결과 이란은 더욱 황폐화되었다.

티무르조

일한조의 몰락과 사회적 혼란은 중앙아시아와 트랜스옥시아나 지역도 예외가 아니었다. 지방사령관들과 왕족들의 전쟁으로 혼란에 빠지면서 약간의 세력을 가진 장군이라면 다들 스스로 나라를 건설하였다. 이 중에 티무르가 있었다. 그는 스스로 칭기즈칸의 후예라 주장했으나 사실 그의 아버지는 몽골군의 장수였다. 그는 트랜스옥시아나 지역에서 정적들을 차례로 제거하면서 자신의 세력을 키웠으며 마침내 사마르칸트(현재 우즈베키스탄의 도시)를 수도로 하는 왕조를 세운다. 그는 자신의 왕조의 기틀을 다진 후에 이란을 공격하였다. 당시 이란은 일한의 몰락 이후 지방의 군소 왕국들이 생기면서 혼란의 연속이었다. 이 시기를 놓치지 않고 티무르의 군대는 이란에 침략하여 지방 군소 왕국들을 자신의 수하에 굴복시켰다. 15년에 걸친 이란 원정으로 수많은 이란의 도시들을 파괴하였으며 수십만 명의 사람을 죽였다. 특히 사브즈버르와 타브리즈, 에스파한은 피해가 극심했다. 그중에 에스파한은 티무르에 대한 저항이 심했을 뿐 아니라 여러 왕조의 수도 역할을 했기 때문에 많은 진귀한 보물들이 있었다. 이 사실을 안 티무르의 명령으로 많은 사람이 죽고 도시의 대부분이 약탈되고 파괴되었다.

티무르는 이란 원정을 마치고 자신의 수도 사마르칸트로 돌아가 많은 예술가, 지식인, 장인, 건축가를 모아 수도를 아름답게 꾸미고 휴식을 취했다. 그는 말년에 군대를 다시 일으켜 소아시아를 공격해 승리를 거두고 여세를 몰아 다마스커스와 바그다드도 점령하고 이집트까지 진격한다. 또한 칭기즈칸과 같이 대제국을 만들려는 야심을 가지고 있던 티무르는 중국을 점령하고자 하는 계획을 가졌지만 이집트에서 회군하던 중 우트라르에서 생을 마감한다.

티무르 사후 티무르에 대한 두려움으로 굴복하고 있던 많은 지방 군소 왕조의 사령관들이 독립을 선언하였고 티무르의 후손들도 각자 지역에서 독립국을 세웠다.

결국 티무르의 아들 중 샤 루흐(Shah Rukh)가 모든 경쟁자들을 누르고 티무르의 후계자로 등극하였다. 그는 오랫동안 호라산 지역에서 살았고 이란의 문화에 동화되었다. 그는 아버지인 티무르와는 다르게 전쟁보다는 평화를 선호하였으며 나라의 번영에 관심을 가지고 있었다. 자신의 수도를 헤라트(현재 아프가니스탄의 도시)로 삼고 이곳을 예술과 교육의 도시로 키웠다. 그의 부인인 고하르샤드도 그 남편의 정책에 적극적으로 지지를 표현했다. 샤 루흐는 마샤드에 아내의 이름을 딴 고하르샤드 모스크를 짓기 시작하였고 그의 후계자들이 완성하였다.

앞에서 언급했듯이 티무르의 사망 후, 그의 수하에 있던 많은 지방 장군들이 반란과 전쟁을 일으켰으며 이와 함께 외부 침입자들도 등장했다. 그 침입자들이 세운 왕조 가운데 가장 강력한 왕조가 바로 우즈베크이다. 이 왕조는 트랜스옥시아나 지역에 칭기즈칸의 후예를 자처하며 세워졌으며 수차례 호라산 지역을 공격하여 마침내 티무르조를 멸망시킨다. 티무르조의 몰락과 함께 지방 실력자들은 자신을 드러낼 기회를 갖게 되었다. 이 중에 두드러진 세력이 이란의 북서쪽에 살고 있던 투르크계 민족들이 세운 흑양조와 백양조이다.

시아 이슬람의 시작, 사파비조

16세기와 함께 시작된 사파비조(1501~1722)의 등장은, 많은 역사가들이 이란 역사의 새로운 전환점이라고 부를 만큼 큰 변화를 몰고 왔다. 이슬람의 침입 이후 페르시아의 정체성을 가지고 과거 사산조 시대 대부분의 영역을 차지한 중앙집권적인 정권은 없었다. 그러나 사파비 왕조가 이 일을 이루었다. 이들은 시아 이슬람을 국교로 정하여 국민에게 장려하고, 시아 이슬람 신학과 성직자들을 보호하고 육성했다. 또한 경제적 부흥과 함께 유럽과의 교류를 확대하였다.

사파비 왕조 등장 이전의 이란 상황

티무르 왕조가 몰락한 이후의 강력한 단일 왕조의 부재로 이란의 정세는 극도로 혼란해졌다. 이란 내의 안전과 질서는 사라졌다. 거의 대부분 지역의 정세가 불안했으며 예전에 번영했던 지역조차 황폐해져 갔다. 15세기 후반 수많은 군소 왕조가 나타나 패권 다툼이 한창이었다. 이 중에 가장 눈에 띄던 왕조가 투르크계 백양조이다. 이 왕조는 같은 투르크계의 흑양조를 제압하고 성장했다.

이란의 국경 지대에서는 외부 국가의 침입이 있었는데 대표적인 세력이 티무르를 멸망시킨 우즈베크이다. 유럽 국가 중에서는 포르투갈이 전투함을 앞세워 페르시아 만을 통해 연안의 섬들을 공격, 점령했다. 외세의 침략 때문만이 아니라 이란인들의 마음속에는 종교적인 문제들로 불안함과 혼돈이 가득했다. 이 시기에 이란에 공통된 국가 종교가 없어서 많은 이슬람의 분파들이 우후죽순 생겨나 사람들을 미혹했다. 이들 중 몇몇 세력들은 정치적·종교적으로 강력한 세력을 갖기 시작하였다. 이 가운데 아르다빌을 중심으로 하는 세력이 있었으니 바로 쉐이크 사피오딘을 중심으로 하는 사파비 가문이었다. 이들은 수피 수도원을 중심으로 형성되었고, 지도자인 쉐이크 사피오딘의 명성은 나날이 높아졌으며, 많은 사람들이 주위에 모여들었다. 그는 자신의 영향력을 이용하여 투르크계 부족들의 연합을 도모했다. 오랜 노력 덕분에 말년에 많은 투르크 부족들이 그의 정치적·사회적 영향력 아래로 모여 들었다. 그리고 쉐이크 사피오딘의 사후 그의 후계자들이 더욱 연합체를 공고히 해 나갔다.

사파비조의 설립

16세기 이란은 사파비조의 등장과 함께 새 시대를 연다. 이스마일에 의해 세워진 사파비조는 그의 할아버지인 쉐이크 사피오딘의 이름을 따서 왕조의 이름을 지었다.

많은 사람들이 쉐이크 사피오딘을 추종하여 아르다빌 시로 모여 들었다. 그의 후손들도 이들의 지지를 받았다. 가장 중요한 지지자들의 모임이 키질바시(Qizilbash: 붉은 머리라는 뜻으로 붉은색 터번을 12번을 감았다. 이는 12이맘에 대한 경의를 표시하는 의미이다)라고 불리는 투르크계 7부족의 연합이다.

1501년 마침내 키질바시 부족의 도움으로 이스마일은 왕조를 세울 수 있었다. 그는 이란의 전 지역을 차례로 정복해 나갔다. 내부의 혼란과 외부의 침략을 잠재우고, 시아 이슬람을 국교로 정하고 타브리즈를 수도로 나라를 건국하였다. 그는 이란 동부의 가장 큰 적인 우즈베크와의 전투에서 승리하며 다시 한 번 북동쪽의 영토를 옥수스 강(제이훈 강)까지 확장하였고, 동쪽으로는 인도를 마주하게 되었다. 당시 인도의 왕은 티무르의 후손인 버보르였으며 그는 평화주의자이자 예술애호가였기 때문에 사파비와의 전쟁을 원하지 않아 쉽게 친선 관계를 맺었다.

동부에서 승승장구했지만 서부의 상황은 달랐다. 당시 이슬람 세계를 대표하는 나라였던 오스만 제국이 버티고 있었기 때문이다. 이들은 스스로 정통이라고 이야기하는 수니파 이슬람을 믿었기 때문에 이단으로 여기는 시아파를 국교로 표방하는 사파비 왕조가 못마땅했다. 더구나 세력이 점차 확장되어 자신들의 영토까지 넘보는 사파비조를 두고 볼 수 없었다. 오스만의 술탄 살림은 선제공격을 결정하고 사파비 지역으로 공격해 온다.

마침내 사파비군과 오스만군은 찰디란에서 결전을 치루지만 강력한 신식 무기로 무장한 오스만군은 사파비군을 쉽게 제압한다. 당시 오스만군은 최신 총기류로 무장했고 이란은 구식 칼과 활로 대항했다. 이 전투 후 수도인 타브리즈까지 점령당하지만 오스만군은 곧 철수한다. 이스마일은 이 수치스러운 패배 이후에 한 번도 웃지 않았다고 한다. 그렇지만 결국 죽을 때까지 오스만에 대한 복수는 하지 못했다.

이스마일이 죽고 그의 아들인 타흐마습(1524~1576)이 10세의 어린 나이에 왕위를 계승한다. 어린 왕을 대신하여 키질바시들의 섭정이 시작된다. 키질바시의 세력이 커지고 다시 시작된 오스만과 우즈베크의 침입으로 나라는 어지러워진다. 타흐마습은 타브리즈에서 가즈빈으로 천도한다. 오스만의 침입에 보다 안전한 지역을 찾고, 자신에게 적대적인 부족장들에게서 벗어나려는 의도로 천도를 단행한다. 그는 치세 기간 동안 우즈베크에 헤라트 지역을 빼앗기고 오스만 제국에도 이라크 지역을 잃었다. 또한 키질바시의 세력 다툼으로 나라는 혼란해졌다. 오랜 기간 통치를 하면서 타흐마습은 이 혼란을 해결하려 하였으나 크게 성공을 거두지는 못했다.

사피비조의 가장 위대한 왕, 압바스 대왕

이스마일이 건국하고 타흐마습이 나라의 모습을 갖추어 놓았다면 가장 부강케 한 이가 바로 압바스 왕이다. 그러나 압바스 왕이 사파비조의 다섯 번째 왕으로 등극하던 무렵은 매우 정세가 불안한 시기였다. 우즈베크와 오스만 그리고 포르투갈이 이란의 국경 지대를 침범하여 많은 지역을 점령하였고 타흐마습 1세가 죽은 후에 왕위 계승을 둘러싸고 후계자들 사이에 다툼이 심해져 있던 상태였다. 가장 큰 영향력을 가진 키질바시들의 세력 다툼도 심각했다. 결국 왕위 계승 다툼에서 몇몇 키질바시 종족 장군들의 도움을 받은 타흐마습 1세의 손자 압바스가 승리를 하고 왕위를 차지하게 되었다. 그러나 그는 자신의 권력의 안정을 위해서 자신을 도왔던 키질바시 세력이 위험 요소임을 깨닫고 그들을 제거한다. 강한 힘을 가지고 있던 키질바시가 언제든지 자신에게 반기를 들 수 있을 것을 예상하고 이들을 대체할 군대를 창설하여 키질바시와 정적들을 진압하고 자신의 권력을 공고히 하였다.

이후 그는 오스만과 평화협정을 체결하였다. 그는 이 과정

에서 서부와 북서부 이란의 일부를 오스만에게 양도하기까지
하였다. 그가 손해를 감수하면서까지 서부 전선의 안정을 도
모한 것은 동쪽의 우즈베크와의 전쟁에 집중하기 위해서였다.
그는 우즈베크를 꺾은 후 바로 한발 물러섰던 오스만과의 전
쟁 준비에 돌입했다. 그가 생각한 오스만과의 가장 큰 전쟁 준
비가 무기와 전술의 근대화였다. 그는 이 일을 위해 영국에서
두 명의 군사 전문가를 초빙하였다. 이 전쟁은 20년 이상이
걸렸으며 결국 이란의 승리로 끝을 맺었다.

압바스 왕 시기의 가장 중요한 전투 중에 하나가 바로 포르
투갈과의 전투이다. 포르투갈은 무역을 위해서 페르시아 만에
들어왔지만 곧 자신들의 전투함을 내세워 바레인과 호르모즈
해역 그리고 반다르곰브룬까지 점령했다. 압바스 대왕은 이들
을 내쫓기 위해 바레인과 반다르곰브룬을 공격하여 승리로 이
끌었다. 이때부터 반다르곰브룬이 반다르 압바스(현재 이란에서
가장 큰 무역항이 있는 해상무역의 중심지)로 이름이 변경 되었다. 그
리고 영국 해군의 도움으로 호르모즈에 있던 포르투갈의 마지
막 군함을 무찌르고 포르투갈을 이란에서 완전히 몰아내었다.

영국도 포르투갈과 같은 제국주의 국가였지만 사파비 왕조
와 협력한 이유가 있었다.

첫째, 포르투갈은 영국에 있어서 식민무역의 강력한 경쟁자
였다. 둘째, 사파비 왕조가 포르투갈을 제거하기 위해 영국에
도움을 청했고 영국은 이번 기회로 이란에서의 입지를 공고히
하려는 목적을 가지고 있었다.

압바스 왕 시기는 사파비 왕조에 있어서 가장 강력한 힘을 지닌 시기로 외세와의 전쟁에서 승리하면서 자신감을 갖고 국내 문제도 적극적으로 해결해 나갔다.

그는 왕권 강화를 위해 1598년 수도를 에스파한으로 천도하였다. 그는 새로운 수도를 위해 각지에서 뛰어난 건축가들을 불러 모았으며 자신의 궁과 학교, 모스크 등 기념비적인 건물들을 만들었다. 과거에도 많은 왕조의 수도였던 에스파한이 몽골과 티무르의 침입으로 인해 초토화 되었지만 압바스 왕에 의해 새롭게 태어났다. 세계의 절반(Nesf-e Jahan)이라는 의미를 가진 에스파한(Esfahan)에 새로운 생동감과 아름다움을 불어넣었다. 이 시기에 만들어진 건축물들이 대부분 남아있어 이란을 여행하는 여행객들이 반드시 방문하는 관광 도시가 되었다.

경제적인 면에서도 실크로드를 에스파한까지 확장하고 유럽과의 무역에 집중하기 위해 아르메니아인들을 대거 이주시켰다. 에스파한의 자얀데 강 남쪽에 아르메니아인들을 위한 경제특구를 설치하여 기독교인이었던 이들이 유럽과 무역에 집중할 수 있도록 많은 편의를 제공하였다.

이들에게 여러 특혜를 부여하였는데 낮은 세금을 부과하고 자치를 허용하여 스스로 대표자를 뽑을 수 있게 하였으며 종교적 자유도 허용했다. 아르메니아인들은 스스로 자신들을 위해 교회를 건립하였고 압바스 대왕도 이들에게 교회를 만들어 주었다. 압바스 대왕의 이러한 노력으로 유럽과의 무역이 증대되고 사파비조의 경제가 부강해졌다.

압바스 왕의 약점은 어렵게 왕위에 오른 탓에 자신의 왕위를 위협하는 자는 누구든 가차 없이 제거하는 '불신'이었다. 동생을 장님으로 만들고 인기 있던 아들을 죽이기까지 하였다. 이로 인해 압바스 왕 이후 왕의 자질을 갖춘 후계자의 부재로 왕조가 급격히 기울어간다.

압바스 왕은 왕권을 강화하기 위해 천도 외에도 시아 성직자의 세력을 자신의 호위 아래서 키웠다. 당시 투르크계 귀족이 많은 권력을 갖고 있었기 때문에 이들을 견제할 의도로 시아 성직자들에게 종교 토지를 내어주고 경제적 자립을 할 수 있는 기반을 마련해 주었다. 하지만 아이러니하게도 이렇게 강해진 종교 지도자들은 사파비조 말기 왕권을 가장 위협하는 세력으로 성장했다.

사파비조의 쇠퇴

압바스 대왕 이후 네 명의 왕이 왕위를 잇지만 하나같이 심약하고 왕으로서의 자질을 가지지 못한 사람들이었다. 이들로 인해 나날이 사파비조는 쇠락해 갔다. 압바스 대왕 이후 급격한 사파비조의 몰락 이유는 다음과 같다.

첫째, 왕들 자신이다. 이들은 국정을 운영하는 데 관심이 없었고 오직 궁에서 향락에 빠져 지냈다.

둘째, 인재 부족이다. 자질은 부족하지만 권력을 탐하는 왕들이 대부분이었다. 주변에 있는 뛰어난 인재들의 반란이 두

려운 나머지 그들을 제거하여 국정을 담당할 인재가 턱없이 부족하였다.

셋째, 심약하고 강직하지 못한 왕들로 인해 왕궁에는 나라 와 백성을 돌보기보다 자신의 이익을 챙기기에 급급한 사람들 만 가득했다. 이들은 국민들에게 무거운 세금을 거두었으며 불만을 가진 사람들을 무자비하게 탄압했다.

술탄 후세인 시기에 사파비조의 몰락은 급격히 진행되었다. 그는 무능하고 심약한 심성으로 직접 국정을 챙기기보다 궁정 대신들에게 나라를 맡겼다. 왕에게 권력을 위임받은 이들은 자신의 이익만 탐했다. 당시 이란의 속국이었던 아프간에서는 지방 수령의 지나친 수탈을 참지 못해 반란이 일어났다. 당시 아프간 지방 총독인 고르긴은 욕심이 많은 자로 인정사정없이 무거운 세금을 거두어 들였다. 참다못한 아프간 사람들이 이 일을 항의하기 위해 에스파한에 왔지만 궁정 대신들 대부분이 고르긴과 같은 부류의 사람들이었기 때문에 이들의 항의를 들 어 주지 않았다.

그 후 마흐무드를 중심으로 반란을 일으켰으며 이들은 아 프간에서 에스파한으로 사막길을 넘어 공격했다. 이들의 강한 반란에 놀란 술탄 후세인은 군대를 보내지만 이미 썩을 대로 썩은 군대 또한 아프간 사람들의 공격 기세를 꺾지 못하고 패 한다. 에스파한은 몇 달 동안 포위되었고, 에스파한 시내의 먹 을 것이 바닥났다. 온 시내에 기근이 심해질 즈음 더 이상 저 항이 무의미함을 깨닫고 술탄 후세인은 아프간의 군영에 가서 마흐무드에게 항복한다. 아프간 군대는 에스파한으로 밀고 들어와 닥치는 대로 귀중품들을 약탈하고 사실상 사파비조의 종지부를 찍는다.

사파비 시대의 사회 문화

유럽과의 관계

이란과 유럽 국가들은 오스만투르크라는 거대한 공동의 적을 가지고 있었다. 시아파 사파비조는 수니파 오스만과 늘 갈등 관계에 있었고 유럽 또한 유럽으로 팽창하려는 오스만을 견제해야 하는 필요가 있었다. 또한 유럽 내에서 각 국가들이 펼치는 제국주의적 경쟁으로 인해 이란과 좋은 관계를 유지하려 하였다. 이들은 정치·경제·군사적으로 서로 경쟁을 하였고 새로운 시장으로 떠오른 이란과의 관계에 관심을 보였다. 이 시기에 이란은 스페인과 영국, 프랑스, 네덜란드 등과 관계를 가졌다. 이 시기 유럽은 지리상의 발견과 제국주의의 등장으로 급격한 변화를 겪던 시기였고 이란에도 영향을 주었다.

국정 운영 방법

사파비 왕조 시절 최고 통치자는 '샤', 즉 왕이다. 왕 다음으로 재상으로 불리는 '사드러아잠'이라는 직책이 있다. 다음 요직으로는 왕으로부터 직접 명령을 받는 군 총사령관이 있다. 사파비 왕조의 건국 초기부터 압바스 왕 시기까지 가장 중요한 군대가 바로 키질바시의 군대였다. 투르크계 부족인 이들은 매우 용맹하고 유능했다. 그러나 이들은 종종 왕의 정책에 반기를 들었기 때문에 압바스 대왕 시절 새로운 군대를 조직하고 상설군으로 이들을 육성하였다. 이 상설군을 위해 새로운 무기들을 도입하였다. 점점 군인들의 힘이 강해지고 특권을 갖게 되자 이들은 훈련보다 자신들의 안위와 즐거움을 더 추구하였고 결국 아프간의 침입을 막지 못했다.

경제 부흥

사파비 시대 국내외 무역이 활기를 띠었다. 중국과 인도 그리고 유럽으로 이어지는 실크로드 무역이 번창했으며 그에 필요한 다른 산업들, 유통과 숙박업들이 덩달아 활기를 찾았다. 가장 중요한 수출 품목은 비단과 미용수, 카펫과 견과류이고 수입품은 대부분 무기류와 일반 생필품이었다. 가장 경제가 번성했던 시기는 압바스 왕 시기로 졸파의 아르메니아인들을 이용한 유럽 무역의 활기로 급속한 경제성장을 이루었다.

학문과 예술

이란 역사상 예술과 건축이 가장 발달한 시기 중 하나가 바로 사파비 왕조 시대이다. 당시 수도였던 에스파한을 가보면 당시의 건축물들과 그림 타일 등 사파비조의 예술작품들을 그대로 감상할 수 있다. 시아 신학도 자리를 잡아 당대 유명한 학자인 미르다마드와 그의 제자 몰라 사드라의 철학 사상이

명성을 얻었고, 쉐이크 바허이, 알러메에 모즐레시는 이슬람
의 많은 사상을 기술하여 남기기도 하였다.

아프사르조와 잔드조

아프사르조의 창시자, 전쟁 영웅 나디르의 등장

이란인들은 나디르(Nadir, 재위 1736~1747) 왕을 전쟁의 귀재로 기억한다. 용감하게 전쟁터를 누볐던 그를 이란인들은 아직도 좋아한다. 그는 아프간족이 에스파한을 침입하여 술탄 후세인을 처형하고 사파비 왕조를 점령했을 무렵 호라산 지역 작은 도시의 지방사령관이었다.

술탄 후세인의 죽음과 아프간의 침입으로 타흐마습 2세가 왕위를 이어 받았을 때도 여전히 사회는 혼란스러웠다. 왕의 명령은 이미 지방 사회에 영향력이 없었고 에스파한과 인근 지역은 아프간족의 마흐무드가 실질적 지배를 하고 있었다.

그러나 곧 마흐무드는 사촌인 아슈라프 아프간에게 죽임을 당한다. 여전히 많은 사람들이 사파비조를 사랑하고 따랐기 때문에 나디르도 타흐마습 2세 밑에서 군대 장관으로 봉사하며 호라산 지역의 영향력을 확대하였다.

아슈라프 아프간은 나디르의 용맹함에 대한 이야기를 전해 듣고 타흐마습 2세의 영향력이 증대되는 것을 두려워하여 나디르를 제거하려 한다. 전쟁 영웅 나디르는 아슈라프 아프간의 군대를 덤건 시의 메흐먼두스트에서 물리친다.

아슈라프 아프간은 몇 차례 전쟁에서 계속 패배하며 결국 에스파한과 파르스 지역을 포기하고 아프가니스탄으로 철수한다. 그는 아프가니스탄으로 귀환하는 도중 발루체스탄 지역에서 암살을 당하게 된다. 이로 인해 7년간의 아프간족의 반란은 막을 내리게 된다.

타흐마습 2세는 에스파한과 왕권을 회복한다. 나디르는 아프간족의 반란으로 생긴 혼란을 틈타 이란으로 들어와 있던 러시아와 오스만을 내쫓기로 결심한다. 러시아는 스스로 나디르를 대항할 힘이 없다고 판단하고 러시아로 철수한다. 그러나 오스만 군대는 여전히 서부 이란을 점령하고 있었다. 나디르는 먼저 호라산 지역을 안정화 시킨 후 오스만과의 전쟁에 집중했다. 이 시기에 타흐마습 2세가 지휘하는 군대가 오스만에게 패한 뒤 굴욕적인 평화조약을 체결한다. 이에 분노한 나디르는 타흐마습 2세를 폐위시키고 그의 어린 아들 압바스 3세를 왕으로 세운다. 결국 나디르는 1729년 다시 오스만과 전쟁을 벌여 승리를 거둔다.

외세를 물리치고 국내의 혼란을 잠재운 후, 1736년 나디르는 국가의 주요 인사들의 회합을 아제르바이잔의 아르다빌 서북쪽 모건 평야에서 소집한다. 그곳에서 나디르는 자신의 할 일이 모두 끝났고 자신은 이제 모든 공직을 은퇴하고 쉬겠다고 선언한다. 그러나 나디르의 왕이 되고 싶어 하는 본심을 이미 대부분의 사람들이 알고 있었으므로 그곳에서 그를 왕으로 추대한다. 이로 인해 새로이 아프사르 왕조가 시작된다.

나디르는 12년간 다스렸으며 대부분의 시간을 전쟁터에서 보낸다. 그는 바레인과 칸다하르, 하라즘, 부하라 외에도 많은 지역들을 점령했다. 그러나 그의 가장 큰 승리는 인도 점령이다. 아프간의 잔존 세력들은 칸다하르가 점령당한 후에 인도로 도망을 쳤고 나디르는 인도로 군사를 보내 고즈널 전투에서 승리하면서 수도인 델리까지 점령한다. 당시 인도의 무갈 제국의 황제를 폐위시키지 않고 황제로부터 다이아몬드를 포함한 온갖 보석을 받았으며 인더스 강 유역의 땅을 양도받았다.

나디르는 중앙집권적 권력을 위해 사파비조에서 커졌던 시아 성직자의 권력을 축소시켰으며 시아 종교재단에 주었던 땅도 몰수하였다. 또한 전쟁 물자를 위해 무거운 세금을 부과하였다. 시아파와 국민들이 곳곳에서 반란을 일으켰고 사회는 혼란스러워졌다. 결국 호라산에서 일어난 반란을 진압하러 가는 과정에서 자신의 수하에게 죽임을 당했다.

나디르가 죽은 후에 그의 강력한 군대도 모두 흩어졌다. 그

의 군대 장관들은 이란의 각 지역에서 자신들의 독립 왕조를
건설하고 다스리기 시작했다. 더구나 나디르가 확실한 후계자
를 지목하지 않고 죽었기 때문에 그의 자리를 놓고 많은 후계
자들과 친척들이 왕위 계승 전쟁을 벌였다. 비슷한 세력을 가
진 자들의 패권 다툼으로 하루도 편안할 날이 없었다. 1년 동
안 3명의 왕이 바뀔 정도로 안정을 찾기 힘들었다. 결국 몇몇
실력자들에 의해서 나디르의 손자 샤 루흐가 왕위에 올랐다.
왕위 계승 후에도 계속된 혼란 속에서 눈을 잃은 그는 결국
마샤드를 중심으로 하는 호라산 인근지역의 지배권만 가졌다.
나머지 지역에서는 여전히 지방 군벌들이 자신의 영역을 구축
하고 지배하였으며, 자신의 영토를 확장하기 위해 주변 지방
군벌들과 지속적인 영토 확장 전쟁을 벌였다.

잔드조의 등장

이 많은 지방 군벌 중에 마침내 카림 칸이 나머지 세력을
물리치고 잔드조(1750~1794)를 세운다. 로리족이었던 잔드 가
문은 나디르 왕 시절 투르크계를 막기 위해 호라산으로 강제
이주를 당했다가 나디르가 죽은 후에 다시 고향으로 돌아와
세력을 키웠고 박트여르족과 연합하여 에스파한과 파르스를
정복한다.

카림 칸은 쉬라즈를 수도로 정하고 약 20년 동안 이란의 대
부분을 정복하여 통치한다. 그는 왕을 뜻하는 '샤'라는 칭호

대신 '바킬(Vakil: 부왕 혹은 섭정자라는 뜻. 현재는 변호사라는 의미로 사용)'이라는 칭호를 선택하여 사용하였다.

외국과의 무리한 영토 확장 전쟁보다는 나라의 안정을 위해 반란과 폭동을 막는 데 주력했다. 그는 또한 무역을 늘려 나라의 부를 창출하려 하였다. 페르시아 만 인근의 섬과 항구들을 점령하려던 네덜란드군을 물리치고 영국, 프랑스와 무역 협정을 맺어 교역의 물꼬를 튼다. 특히 영국은 자신들의 세력의 확장을 위해 계약을 맺어 페르시아 만 항구와 부쉐르에 무역사무소를 개설하지만 카림 칸의 명령으로 이란에서 돈을 가져갈 수는 없었고 대신 물건들을 수입해 갔다. 카림 칸이 다스리는 기간 동안 이란은 매우 안정되었다. 유일한 외국과의 전쟁이 단 한 번이었다. 오스만과의 전쟁이었고 이 전쟁조차도 승리하였다.

카림 칸이 죽은 후에 또 다시 왕위 다툼 전쟁이 시작되었고 몇 년간 지속되었다. 10여 년 동안 6명의 통치자가 교체될 정도로 왕위 계승 전쟁은 치열했다. 잔드 왕조의 후손들 외에도 카자르 부족의 아가 무함마드 칸 이라는 장군도 이 권력다툼에 뛰어들어 고르간과 마잔다란, 테헤란과 그 인근 지역을 점령했다. 결국 몇 년간의 다툼 끝에 잔드조의 로프트 알리 칸 이라는 젊고 용맹한 자가 왕위를 차지하고 나라를 재정비 했다. 그러나 곧 카자르 부족의 아가 무함마드 칸이 자신의 점령한 지역을 견고히 한 후에 로프트 알리 칸을 공격하여 그를 죽이고 잔드조를 멸망시켰다.

사파비조의 몰락이 급속히 진행되던 18세기 초반부터 이란 사회는 급격히 혼란 속으로 빠져 들었다. 강력한 중앙집권적 왕조의 부재로 인해 사회·경제는 황폐해졌다. 농업과 무역 활동은 위축되었으며 계속 이어지는 폭군들로 인해 대부분의 성직자들은 인도 혹은 이라크로 망명했다. 나디르 또한 국내 문제를 해결하기보다 확장 정책을 기조로 전쟁에 몰두하여 국력을 소모했다. 그는 뛰어난 전투력으로 영토를 확장했지만 국내의 사회 경제적 문제들을 해결하지 못했다. 사파비 시대의 가장 아름다운 도시였던 에스파한도 아프간족의 침입으로 많은 부분 파괴되었지만 나디르의 통치 기간 동안 그의 수도 였던 마샤드만은 새로운 중심지로 각광을 받았었다.

카림 칸의 잔드조는 권력을 잡은 후 수도로 쉬라즈를 삼고 새로운 도시를 건설하였다. 현재까지 남아 있는 주요 건축물이 잔드조의 작품이다. 바킬 시장, 바킬 모스크, 바킬 목욕탕 등과 이란의 문호 사디와 허페즈의 무덤 등의 건축물들은 지금도 그대로 보존되어 있다. 그는 앞에서 언급한 대로 왕이라는 칭호 대신 부왕이라는 뜻이 있는 바킬이라는 칭호를 주장해서 사람들에게 바킬이라고 불렸다. 그는 국내 문제에 관심을 갖고 안정화 시켜서 이란 경제를 다시 회복하는 데 기여했다.

근대 왕조의 시작, 카자르조

아가무함마드의 등장

카자르(Qajar)족은 투르크계 부족 중 하나로 몽골의 이란 침
략 이후에 고르간 인근 아스타르어버드 지역에 정착했다. 잔
드조가 세워질 무렵 카자르 부족의 부족장인 무함마드하산은
잔드조와 전쟁을 하다가 카림 칸에 의해 죽고 그의 아들인 아
가무함마드는 볼모로 쉬라즈에 잡혀간다. 카림 칸이 사망 한
후에 쉬라즈에서 도망친 아가무함마드는 자신의 고향인 고르
간으로 돌아가 자신을 경계하던 형제들과 경쟁자들을 물리치
고 카자르 부족의 부족장으로 등극한다.

그는 권력을 잡은 후에 고르간과 마잔다란 다른 지역들을

점령하고 그의 원수이자 가장 큰 적수인 잔드조의 로트프 알리 칸을 제거하기 위해 쉬라즈를 공격한다. 쉬라즈를 방어하기 위해 출정했던 로트프 알리는 군사적 열세를 깨닫고 쉬라즈 성으로 돌아가려 하지만 당시 재상이던 아브라힘의 배신으로 케르만으로 도망간다. 아가무함마드는 케르만까지 추격하여 케르만 성을 포위한다. 오랜 포위 끝에 내부의 배신으로 케르만 성이 열리고 아가무함마드는 케르만 주민을 학살하고 결국 그날 밤 성에서 로트프 알리 칸을 잡아 처형한다. 이때 케르만의 주민들을 잔혹하게 학살한 이유로 카자르 왕조(1796~1925) 내내 케르만 주민들은 반카자르 운동에 적극 가담한다.

그는 1796년에 테헤란을 수도로 카자르 왕조를 설립한다. 그 후에 카프카즈 지역을 공격하던 도중 그의 심복들에게 살해당한다.

파트알리와 유럽 열강의 침입

아가무함마드의 사망 소식이 전해지자 그의 군대 사령관들은 각자 자신의 세력을 키운다. 그중에 그의 조카이자 황태자였던 파트알리(Fath Ali, 재위 1797~1834)가 잔드조의 재상 아브라힘의 도움으로 쉬라즈에서 테헤란으로 올라와 왕위를 차지한다.

그는 그의 삼촌인 아가무함마드 같은 강력한 힘을 갖지 못했고 자신의 왕위를 유지하는 데 급급했다. 그는 자신의 왕위 등극을 도와준 아브라힘도 권력을 위협한다는 생각에 제거한다. 파트알리 통치 시에 이란은 러시아와 전쟁을 치렀지만 카자르조는 러시아와 유럽의 침입을 막을 힘이 없었다. 이 시기는 이란의 많은 영토를 외세에 양도할 수밖에 없었던 이란 역사상 가장 굴욕적인 시기였다.

파트알리가 통치하던 때 유럽은 이미 산업혁명 이후 경제 발전에 박차를 가하던 시기였다. 당시 유럽의 강국 프랑스와 영국, 러시아가 이란에 관심을 갖고 서로 경쟁하였다.

프랑스와의 관계

카자르 왕조가 들어서기 전부터 이미 인도를 지배하던 영국은 당시 '해가 지지 않는 나라'로 불리는 최고의 제국주의 국가였다. 그러나 파트알리 재임 시절 프랑스의 나폴레옹이 정권을 장악하고 프랑스를 단숨에 영국과 견주는 제국주의 국가로 성장시켰다. 프랑스는 당시 러시아와 인도 정복이라는 두 가지 큰 목표를 가지고 있었다. 러시아를 정복하려는 속내를 비치기 시작했고 영국이 독점하고 있는 인도의 이익을 넘보기 시작했다.

이 일을 진행하기 위해서는 인도, 러시아와 인접해 있는 이란과의 관계가 중요했다. 프랑스는 이란과 상호 협력 관계를 맺어 무역을 활성화하고 러시아 공격에 대한 지지를 얻어낸다. 이때 러시아 군대가 이란의 국경 인근까지 전진하는 일이 발생했고 파트알리는 이들을 막을 군사적 힘이 없음을 깨닫고 프랑스와 구체적인 새로운 협정을 체결한다.

이 협정을 통해 이란은 프랑스의 인도 공격 시 군대를 파견하며 이란이 러시아와 전쟁 시 프랑스도 똑같이 군대를 파병하여 도움을 줄 것을 약속한다. 그러나 프랑스는 러시아와 또 다른 비밀 협정을 맺어 결국 러시아의 이란 공격을 관망하게 된다.

영국과의 관계

영국은 프랑스와 러시아의 비밀 협정으로 어려움에 처해 있던 이란을 도와주며 이란 내의 영향력을 확대하기 시작한다. 당시 영국이 이란을 도와준 몇 가지 이유가 있다.

첫째는 프랑스와 러시아의 이란 내의 영향력 증가를 막는 것이다. 이란은 인도로 들어오는 길목에 위치해 있어서 지정학적으로 중요한 지역이었다. 둘째로 이란 스스로가 인도를 공격할 여지를 미리 막는 것이다. 셋째는 이란 시장에서의 독점권 혹은 특권을 획득하는 것이다.

영국이 가진 목적과 카자르조의 필요가 충족되면서 양국 간의 협력은 급진전을 이룬다. 양국의 협력을 위해 이란에 영국의 협상단 대표로 몇몇 정치인들과 군인들이 방문했다. 오랜 협상 끝에 협정서에 두 나라가 합의하게 된다. 이 협정서에서 이란은 인도에서 영국의 지배권을 인정하고 인도를 통치하는 데 협력하며 영국도 이란의 주권이 침해되거나 국가적 위

기가 왔을 때 재정적·군사적으로도 도움을 주기로 약조했다. 그러나 이것 또한 지켜지지 않았다

이란과 러시아의 전쟁

이란이 영국, 프랑스와 협정을 체결하는 동안 러시아는 이란 북부 지역으로 진군하여 카자르조를 위협하고 있었다. 러시아는 오래전부터 이란에 눈독을 들여왔다. 러시아는 군사적 정치적으로 이란이 러시아의 공격을 막을 만한 힘이 없을 것으로 파악하고 카프카즈 인근의 지방 총독의 도움으로 이 인근 국경지대로 러시아의 군대를 주둔시켰다.

이란은 러시아의 침입을 대비해 영국, 프랑스와 군사협약을 체결했지만 결과적으로 무용지물이었다. 두 나라로부터 도움을 받지 못하는 상황에서 황태자인 압바스 미르자가 끝까지 러시아 군대에 저항하여 싸웠지만 결국 패배한다.

이란은 러시아와 굴욕적인 골레스탄 협정을 체결한다. 이 협정서로 인해 현재 아제르바이잔인 바쿠 지역과 카프카즈 지역을 러시아에 양도한다. 러시아에 패배하고 그에 따른 불평등조약으로 인해 이란의 영토를 빼앗긴 것에 대해 수많은 이란 사람들이 분노하고 있었다. 몇 년 뒤에 종교지도자의 선동으로 빼앗긴 영토를 찾기 위해 전쟁을 일으키지만 그것 역시 패하면서 다시 투르크만차이(Turkmanchai) 협정을 맺는다(1828). 이 협정으로 인해 또다시 러시아에게 아르메니아와 아제르바이잔을 양도한다.

무함마드

파트알리의 아들이자 황태자였던 압바스 미르자가 그의 아버지보다 1년 먼저 죽자 압바스 미르자를 사랑했던 많은 사람들이 그의 아들인 무함마드 미르자를 후계자로 추대한다.

무함마드(재위 1834~1848)가 다스리던 시기의 상황을 상징적으로 나타내는 사건이 헤라트의 굴욕이다. 그 당시 헤라트의 지방관이었던 캄란 미르자가 영국의 사주를 받고 이란 정부에 반기를 들고 독립을 선언한다. 무함마드는 이 반란을 진압하기 위해 헤라트로 진군하여 헤라트를 포위하였다. 그러나 영국의 즉각적인 반응은 헤라트를 공격할 경우 이것을 영국에 대한 공격으로 간주하고 이란 남부를 공격할 것이라는 협박이었다. 무함마드는 영국의 사주로 헤라트가 독립선언을 한 것을 알고 있었음에도 영국의 위협에 굴복해 회군할 수밖에 없었다. 힘이 없었던 카자르 왕조로 인해 이란 내의 외국의 영향력은 점점 커졌다.

또한 이 기간 동안 여러 이슬람 분파가 출현하면서 카자르 조는 더욱 혼란해졌다. 가장 강력하게 진행된 종교운동이 바로 '바비 운동'이다. 이 운동은 후에 바하이교로 발전하여 이란을 넘어 다양한 국가로 퍼져갔다. 바하이교는 세이드 알리 무함마드(Seyyid ali Muhammad)가 창시한 이슬람의 한 분파로(밥이라는 말에서 유래된 종파로 밥은 이맘과 사람을 중재하는 존재를 말한다. 중재의 문이라는 뜻을 지니기도 한다) 그는 곧 자신을 시아 이슬람의 예정된 메시야인 메흐디로 선언하고 반란을 일으켰고, 아미르 카비르는 이 반란을 진압하고 세이드 알리 무함마드를 처형한다. 그의 사후 후계자인 미르자 후세인 알리 누리가 다시 자신을 새로운 예언자로 칭하며 새롭게 종교를 일으켰다. 1960년대 우리나라에도 소개되어 활동하고 있다.

나시르 알 딘과 재상 아미르 카비르

무함마드가 죽은 후에 그의 아들인 나시르 알 딘(Nasir-al-Din, 재위 1848~1896)이 왕위에 오른다. 그는 약 50년간 이란을 통치하면서 여러 나라와 개인에 수많은 특혜를 남발하여 이란에 막대한 손해를 끼쳤다. 수많은 나라들이 이란에 이권을 찾아들어오면서 이란 내에 외세의 영향력이 가장 커진 시기이기도 하다.

그러나 나시르 알 딘의 왕궁에도 소수의 개혁가들이 있었으니 대표적 인물이 바로 아미르 카비르이다. 미르자 타키 한이라는 이름이 있지만 아미르 카비르로 더 잘 알려진 그는 하층민 출신으로 재상의 부엌일을 담당하는 하인의 아들로 태어났으나 그의 비범함을 눈여겨 본 주인의 후원을 받아 교육을 받고 정계에 진출한다.

그는 당시 황태자였던 나시르 알 딘과 함께 타브리즈에 있다가(당시 타브리즈는 전략적 요충지로 황태자가 기거하던 곳이었다) 무함마드 왕이 죽었다는 소식을 듣고 나시르 알 딘과 함께 테헤란으로 와서 재상의 자리에 오른다.

그가 재상에 올랐을 당시 국내 정세는 혼란 그 자체였다. 그러나 그의 탁월한 국정 수행 능력과 노력으로 곧 국내 상황을 안정시켰다. 또 궁정에 있는 많은 사람들에게 수없이 남발된 작위를 박탈하고 궁내 대신들과 왕족들에게 지급되던 많은 월급과 후원금을 줄여 국고의 낭비를 막아 국내 경제를 안정시켰다. 만연해 있던 뇌물 문화 또한 제거하려 노력하였다.

이 외에도 아미르 카비르는 다르 알푸눈(Dar-al-Funun)이라는 현대적 학교를 세워 그곳에서 양성된 뛰어난 인재들을 유럽으로 유학 보내 새로운 지식을 배워 오도록 하였다. 또한 거예에 에테퍼기에라는 신문을 창간하여 근대화에 앞장섰다.

아미르 카비르는 혼란한 국내 정세를 안정시켰으나 그의 많은 개혁 정책들은 궁내의 기득권층에 위협이 되었다. 정책 대부분이 이들의 이익에 반하는 것이었기 때문에 수많은 저항을 받았다. 기득권층의 분노는 상상을 초월했으며 나시르 알 딘 샤의 어머니를 부추겨 아미르 카비르를 사임시키고 다시는 재기하지 못하도록 카샨의 핀가든에 살도록 명을 내렸다. 결국 그는 그곳에서 죽게 된다.

나시르 알 딘 시기에 외국에 준 경제특혜

나시르 알 딘은 사치스런 독재자였다. 그는 유럽 여행을 좋아해서 자신의 여행 경비를 마련하기 위해 외국인들에게 경제적 특혜를 주고 돈을 받았다. 이란 사람들은 특혜에 반대해 시위를 벌였고 몇몇은 성공하여 특혜를 취소하기도 하였다. 이 중 몇 가지를 살펴보면 다음과 같다.

로이터(Reuter) 남작의 특혜

1872년에 맺어진 이 계약은 한 나라와 개인이 맺은 것으로 철도 부설권, 광물과 산림과 지하수로의 이익 독점권이 포함되어 있다. 개인과 나라가 맺은 이 파격적 특혜 소식이 알려지자 특혜 계약을 취소하라는 전국적인 시위가 시작되었다. 선봉에는 시아 성직자들이 있었다. 결국 왕은 시위에 굴복해 이 계약을 취소한다.

담배 전매권

담배 전매 특혜 계약은 나시르 알 딘 샤와 털보트라는 영국인이 1890년 비밀리에 맺은 것으로 50년 동안 이란의 모든 담배 관련 생산물을 털보트가 전매할 수 있도록 특권을 주었고 그의 대리인이 모든 담배를 구매하기로 하였다. 이란의 담배 농부들은 그들의 생산물을 마음대로 팔 수 있는 권리를 박탈 당했다. 털보트는 이 특혜를 받으면서 이란 정부에 매년 영국 돈으로 15만 리라와 이익의 4분의 1을 주기로 하였다.

그러나 털보트의 대리인이 일을 시작하기도 전에 이 소식이 이란에 퍼지면서 도시 곳곳에서 이 계약에 반대하는 시위가 일어났다. 이 모든 시위의 선봉에는 시아 성직자들이 있었으며 이들은 계약의 무효화라는 뚜렷한 목적을 가지고 시위를 주도하였다. 당시 테헤란 사람들의 지도자는 미르자 하산 아슈티여니이고 그는 나자프에 있던 아야툴라 미르자 하산 쉬라지의 대리자였다. 결국 아야툴라 쉬라지와 이란 사람들은 이 일로 한마음이 되었고 나자프에 있던 아야툴라 쉬라지는 파트와(성직자가 샤리아에 근거하여 법해석을 내리는 것)를 내려 담배의 사용을 금지시켰다.

파트와를 쫓아 사람들은 가지고 있던 물담배를 깨트리고 담배에 불을 질렀다. 그제야 심각한 상황을 파악한 나시르 알딘은 결국 계약을 무효화하였다.

Tip. 아프가니스탄의 완전 독립

아미르 카비르가 해임된 후에 미르자 아가 칸 누리가 재상이 된다. 그는 재상으로서의 능력도 부족하고 한 나라를 책임질 성품도 갖추지 못하였다. 그의 부족한 국정 운영 능력으로 인해 나라는 급속도로 아미르 카비르 이전의 혼란 상태로 되돌아간다. 또한 이 시기에 아프가니스탄이 이란에서 완전한 독립을 선언한다. 이로 인해 이란은 영국과 전쟁을 벌인다. 무함마드 시기에도 헤라트 때문에 영국과 갈등을 빚었다. 그 이유는 영국은 헤라트를 인도의 관문으로 생각해 자신의 영향력 아래 놓으려 했기 때문이다. 나시르 알딘은 호라산의 지방 총독을 시켜 헤라트를 공격하게 하였고 영국은 즉시 대항하여 이란 남부의 허르크 섬과 호람샤흐

르, 부쉐르를 점령한다.

영국의 공격과 점령으로 이란 정부는 겁을 먹고 곧 파리로 특사를 파견하여 영국과 평화 조약을 맺는데 이것이 파리 조약이다. 이 조약에는 처음으로 이란이 아프가니스탄의 독립을 인정하는 조항이 나오고, 곧 아프가니스탄에서 이란은 손을 떼게 된다. 나시르 알 딘은 통치 기간 동안 아프가니스탄 외에도 여러 지역을 잃게 된다.

입헌 혁명의 시작

나시르 알 딘이 죽은 후에 타브리즈에 살던 황태자 무자파르 알 딘(Muzaffar al Din, 재위 1896~1907)이 왕위에 오른다. 그는 심약하고 병이 있어서 국정을 재상인 아민 알 다울라에게 맡긴다. 그는 탐욕스러운 사람으로 재임 기간 동안 사리사욕을 채우기에 급급해 자신의 입맛에 맞는 사람들로 궁정 대신들을 채웠다. 국내 상황이 혼란해 지자 자연스레 외세의 압력도 커져갔다. 나라가 혼란해 지고 외세의 간섭이 확대되면서 이란 사람들도 정부를 신뢰하지 못하게 되었다. 반정부 시위는 점점 많아지고 거세지면서 이 시위는 결국 입헌 혁명을 초래하게 된다.

입헌 혁명의 불을 지핀 것은 아주 사소한 일이었다. 1905년 당시 테헤란 시장이 시장 상인들에게 사소한 이유로 나무 태형(때리기)을 내렸고, 이 소식이 시장에 전해지자 시장 상인들은 상점의 문을 닫고 아야톨라 세이드 모함마드 타버타버이의 집에 모여 들었다. 이 모임에 몇몇 성직자가 가세하면서 정부의 폭정과 외세의 확장을 성토하는 장으로 변해 버렸다. 그들은 곧 시장 상인들의 권리를 지키기로 결심하고 왕립 모스크를 바스트(Bast, 정부의 권위가 미치지 못하는 성역)로 지정하고 시위를 시작한다. 물론 이 모든 일을 앞장서서 주도한 것은 시아파 성직자들이었다. 이들은 시민들의 억울함과 불만을 조사할 법원의 설치를 요구하였고 정부의 독재와 강권적 전제 정치 대신 헌법에 따라 통치하는 정부를 원했다. 이들은 제헌 의회 의원 선거와 총리의 해임을 주장하였다. 결국 왕은 법원의 설치를 약속하였고 성직자들은 자신의 요구가 관철된 것에 만족하여 테헤란으로 돌아온다.

그러나 성직자와 상인들이 왕립 모스크에서 테헤란으로 돌아온 후에 정부는 약속을 이행하지 않았고 사람들은 다시 투쟁에 돌입한다. 그러던 중 정부에서 시아 성직자들의 대변인을 체포하는 일이 발생하고 그 후 시위는 심각한 상황으로 변해간다.

시위 진압 과정에서 이란 정부는 발포를 하고 세이드 알덜하미드라는 젊은 신학생이 총에 맞아 숨지는 사건이 일어난다. 이 일로 인해 다시 한 번 고위 성직자들과 많은 이란인들은 테헤란 '자메 모스크(금요 회중 모스크)'에 모인다. 이들은 이곳에서 해결책을 의논하고 다시 테헤란을 떠나 이번에는 꼼으로 이동할 것을 결의한다. 이 시위의 지도자는 아야톨라 세이드 모함마드 타버타버이와 아야톨라 세이드 압둘라 바흐바허니 두 사람이었다. 이 외에도 아야톨라 쉐이크 파졸라 누리도 동조를 하고 함께 꼼으로 이동했다. 이 일로 인해 테헤란은 혼돈에 빠졌고 나자프에 있던 많은 성직자들은 지지를 보냈다.

결과적으로 왕과 궁정 대신들은 또 다시 이들에게 굴복하여 헌법 제정을 약속하고 재상인 아인 알 다울라를 해임한다. 이 혁명으로 인해 군대의 이름도 입헌군으로 바뀌게 된다. 또 민중의 대변인인 국회의원으로 구성된 국회에서 헌법이 의결되면서 새로운 이란으로 바뀌게 된다.

Tip. 바스테네쉬니(약자를 위한 보호책)

카자르 시대에 종종 자신의 불만을 알리고 이것을 호소하기 위해 순례지나 성직자의 집 같은 특별한 장소에 들어가 보호를 받으며 자신의 억울함을 호소하는 일이 있었다. 이런 경우 억울함이나 원한이 풀릴 때까지 그 장소에서 나오지 않았으며 누구도 그들을 내쫓을 권리를 갖지 못했다. 이 제도를 타하손 혹은 바스테네쉬니라고 불렀다.

입헌 혁명을 위협한 무함마드 알리

1907년 입헌 혁명이 성공한 후 얼마 지나지 않아 무자파르 알 딘 샤가 죽었다. 그의 후계자로 무함마드 알리(재위 1907~1909)가 왕위를 계승하였다. 권력을 획득한 초기, 그는 입헌 정치에 동의하는 듯 보였으나 정권을 장악하고는 러시아의 지지를 바탕으로 입헌 정치 제도의 방해 공작을 본격화하였다. 배후 조종한 러시아는 입헌주의자들은 영국을 지지하는 자로 여기고 입헌 정치제를 반대하였다.

새로운 왕인 무함마드 알리의 입헌주의자들과 의회 대표들을 무시하는 처사는 그의 왕위 즉위식에서 확연히 드러났다. 그는 의회 대표들을 왕위 즉위식에 한 명도 초대하지 않았다. 또 얼마 뒤에는 헌법을 완성해서 왕의 서명을 받기 위해 보냈을 때도 그는 서명을 하지 않고 돌려보냈다. 이 일이 알려지고 나서 전 국민적인 시위가 시작되었고 결국 나자프에서 최고 성직자가 왕에게 서한을 보내 서명을 받는다.

얼마 후 테헤란에서 총격 테러를 받은 무함마드 알리는 테러의 배후에 입헌 정치가들이 있다고 여기고 이들을 탄압하고 결국 러시아 군대의 도움을 받아 국회를 정지시킨다. 그러나 이 테러는 샤가 직접 조작한 것으로 후에 알려졌다. 이 일로 자유주의자들도 탄압을 받아 아야톨라 타버타버이와 아야톨라 베흐바허니도 추방되었다.

이 사건이 알려지면서 독재 정권에 대한 거국적 저항이 일어난다. 이란의 영웅으로 불리는 싸타르 칸(Satttar Khan)과 바키르 칸(Baqir Khan)을 중심으로 타브리즈 사람들이 모여 나자프의 파트와를 쫓아 독재 정치에 반기를 든다. 무함마드 알리는 이 소식을 듣고 자신의 군대를 아민 알 다울라에게 주어 타브리즈로 보내 이 도시를 포위한다. 포위는 열 달 동안 지속되었지만 결국 타브리즈의 시민군이 승리하여 왕의 군대는 포위를 풀고 철수한다. 타브리즈가 반란을 일으켰을 때 길란과 박흐티여르 지역도 함께 동참하였으며 테헤란으로 함께 진격하여 점령한다.

테헤란을 점령한 후에 입헌 정치가들은 바허레스턴 광장에서 모임을 갖고 무함마드 알리를 폐위하고 그의 아들인 아흐마드(재위 1909~1925)를 왕위에 올린다. 무함마드 알리는 매년 10만 토만을 받고 러시아로 쫓겨 간다.

승리한 입헌 정치 추종 무리들은 법정을 만들어서 입헌 정치제를 반대한 사람들에 대한 재판을 진행했다. 이 법정에 의해 희생된 사람 중에 아야톨라 쉐이크파졸라 누리가 있다. 그는 초기에 입헌 정치제를 지지했지만, 곧 이들의 사상에는 이슬람의 정도와 차이가 있다는 사실을 깨닫고 이들에 반기를 든다. 그는 입헌 혁명을 이끈 지도자들이 이슬람의 법률을 따르기보다 유럽의 입헌 정치제를 모방하려는 생각을 가지고 있다는 것을 알고 제안하기를 국회에 5명의 고위 성직자들을 배정하여 이들이 국회에서 승인된 법률을 감시하도록 하게 하였다.

제1차 세계대전 기간 동안의 이란

아흐마드가 왕위를 계승했을 때 그는 아직 권력을 행사할 나이가 아니어서 아자드 알 몰크(Azad al Molk)라는 카자르 왕족의 대표가 섭정 통치를 하였다. 이 기간 동안 국내 문제와 군사력을 위해 외국의 전문가를 초빙하기로 결정하고 모르건 슈스터(Morgan Shoster)라는 미국인과 얄 마르슨(Yal Marson)을 모셔 온다.

이들은 이란의 국내 문제를 하나씩 해결해 갔다. 그러나 영국과 러시아는 이란의 정책에 불만을 제기하였다. 결국 러시아는 영국의 보이지 않는 동조 아래 협박에 가까운 편지를 이란 정부에 써서 슈스터를 사임시키도록 압력을 가했지만 국회는 러시아의 협박에 굴하지 않았다.

그러나 아자드 알 몰크가 죽은 후에 후임인 나시르 알 몰크가 정권을 잡으면서 국회를 해산 시키고 러시아의 요구를 들어주었다. 국회가 해산된 후에 이란의 북쪽은 러시아의 영향권에 남쪽은 영국의 영향권에 들어갔다.

1914년 마침내 아흐마드가 나이가 되어 왕위 즉위식을 거행했지만 아직 그는 어리고 경험이 부족하여 국정을 책임지지 못하였다. 강력한 왕권의 부재는 부패한 기득권층과 외국 세력에 의지하려는 사람들이 활동하기 좋은 여건을 마련해 주었다. 나라는 안정을 찾지 못하고 점점 더 혼란스러워졌다.

팔레비조

영국은 제1차 세계대전 이후에 이란에 관한 정책을 재정비
하였다. 이전의 직접적 개입 정책에서 비용도 절감하고 이란
사람들의 반발도 줄이기 위해 간접적 영향력 행사 정책으로
선회하였다. 이란에 대한 새로운 접근의 가장 큰 이유는 이란
의 힘이 약해지면서 직접적인 개입을 하지 않고도 전체 이란
에 영향력을 미칠 수 있다고 판단했기 때문이다.

팔레비 왕조의 등장

영국은 새로운 식민지 정책의 실현을 위해 세이드 지여레
딘 타버타버이와 레자 칸을 자신의 편으로 끌어들였다. 레자

칸은 1921년 이란의 유일한 현대식 군대였던 자신의 코사크 여단을 테헤란으로 진격시켰다. 그는 아흐마드 왕을 압박하여 세이드 지여레딘을 총리로 임명하고 자신은 총사령관 자리에 오른다. 이것이 쿠데타의 시작이었다.

레자 칸은 1923년 영국의 지지를 바탕으로 자신이 직접 총리로 등극하고 친영 정책을 취하기 시작한다. 영국의 지지는 레자 칸이 정적을 축출하고 새로운 왕조를 세우는 데 큰 힘이 된다. 결국 레자 칸은 1925년 의회를 통해 카자르 왕조를 끝내고 새로운 왕조인 팔레비 왕조(1925~1979)를 시작하고 스스로 레자 칸에서 레자 샤로 바꾼다.

그는 터키의 무스타파 케말처럼 공화정을 기초로 근대화된 국가를 꿈꾸었지만 보수적 성직자들의 반대로 결국 왕정을 택한다. 그러나 터키처럼 세속 국가를 지향했고 이 목표를 위한 첫 단계가 서구화·근대화였다. 그는 강력한 군대를 바탕으로 왕권을 강화하였으며 반대하는 세력을 무자비하게 탄압했다. 병역법을 개혁하여 부족 중심의 군대를 상비군 형태로 만들었으며 프랑스법과 이슬람법을 기초로 새로운 법을 제정하여 국가의 기틀을 만들었다. 또한 '마드라사'에서 이슬람 성직자들에게 배우던 전통적 교육 방법도 개혁하여 서구화·세속화·근대화를 목표로 근대화된 학교를 만들어 보급하였다. 1935년에는 테헤란 대학교를 개교하여 근대화 교육에 박차를 가했다.

새로운 법의 제정과 근대화 교육은 레자 샤가 표방한 서구화·근대화·세속화의 핵심이었다. 당시 이란 사회를 지배하던 보수적·봉건적 종교 세력의 힘이 '마드라사'라는 학교를 기반으로 하는 교육과 이슬람법을 자의적으로 해석·판단하는 데에서 나왔다. 이들의 힘을 제거하지 않고는 근대화가 어렵다고 판단한 레자 샤는 이들의 힘을 제한하는 가장 좋은 방법이 근대화된 사법 제도와 교육 제도라고 생각하였다.

종교지도자들은 율법학자이자 교육가였기 때문에 일반 백성들에게 가장 강력한 영향력을 가지고 있었고, 사파비 왕조 이후 종교재단에게 주었던 토지 덕분에 재정적 자립을 이루어 왕권이 두렵지 않은 거대한 정치 집단으로 성장해 있었다.

보수 전통 종교 세력의 영향력을 제한하려는 다른 조치는 남성들에게 전통 복장 대신 양장을 착용시키는 것과 여성들의 차도르를 벗기는 일이었다. 역사적으로 울라마(성직자)의 세력이 커지면서 여성들이 점점 차도르를 쓰는 비율이 높아졌기 때문에 이 조치는 레자 샤에게 중요한 일이었다. 이와 함께 남녀 평등사상을 고취시켜 여성의 지위를 향상시키려 했다. 그러나 실제로 잘 이루어지지 않았다.

1935년에 레자 샤는 나라 이름을 페르시아에서 이란으로 바꾸며 근대화된 새로운 나라를 세우려는 의지를 다졌다. 경제적인 측면의 개혁 성과로 대륙 종단 철도를 완성하였으며 공업 분야의 성장도 두드러졌다.

레자 샤는 카자르조의 혼란함을 수습하고 관료와 군대를 현대화시켜 이란 근대화의 초석을 다진다. 또한 경제 시스템을 서구화시키며 산업화를 앞당겼지만 안타까운 점은 나라가 현대화되면서 쌓인 부가 중산층 이하 하층민에게 돌아가지 않는다는 점이었다. 상류의 몇몇 계층이 부를 독점하면서 하층민에게는 근대화는 큰 의미가 없었다.

제2차 세계대전이 발발한 후에 이란은 중립을 선언했지만 레자 샤는 독일 군대가 우세하다는 판단 아래 독일과 우호적인 관계를 맺는다. 연합군은 독일과 이란의 관계가 자신들에게 위협이 된다는 사실을 깨닫고 1941년 이란을 공격하여 레자 샤를 폐위하고 그의 아들인 무함마드 레자 팔레비를 왕으로 세운다. 공들여 개혁했던 레자 샤의 군대는 연합군의 공격에 맥없이 무너지고 말았다.

이란의 석유 국유화 사건

레자 샤 폐위와 국외 망명은 독재적인 정치 환경에서 새로운 정치적 자유로의 변화를 의미했으며 정치·사회 전반에 활력을 불어넣었다. 아직 레자 샤의 아들인 무함마드 레자 팔레비의 권력이 아버지만큼 강력하지 않았기 때문에 많은 사람들이 독재와 전제 정치가 아닌 새로운 정치적 자유의 물결을 원하고 이 일을 추구했다.

이란 내의 정치적 활기는 결국 외세에 많은 이익을 넘겨주던 석유 사업에 관한 이란의 독립적 권리 주장을 하게 하였다. 그리고 이 일은 결국 이란의 석유 국유화 선언에까지 이어지게 된다. 이 일을 주도한 사람은 성직자인 아야톨라 카샤니와

무함마드 모사데크 박사이다. 아야톨라 카샤니는 어려서부터
아버지와 함께 영국의 식민지 정책에 저항하여 투쟁한 사람으
로 명성이 자자했으며 이란으로 돌아온 후로도 이란 성직자들
의 지도자로 활동했다. 무함마드 모사데크 박사도 정치가로서
오랜 경험을 가진 노련한 인물이었다.

이 시기에 가장 중요한 화두이자 쟁점이었던 이란의 석유
국유화 문제로 이 두 사람은 서로 연합하였으며, 1950년 국회
의 승인을 얻어 이란의 석유를 국유화한다.

이 일로 인해 이전까지 이란 석유에 대한 독점적 권리를 누
렸던 영국이 가장 큰 타격을 입었다. 팔레비조가 건국된 이후
이란에 대한 절대적 권력을 누렸던 영국에 대한 이란인들의
저항의 결과였다.

이란의 석유 국유화 선언은 영국과 미국에 치명적인 손해
를 입혔다. 이들 국가들은 이 국유화 선언의 철회를 위해 국내
외적으로 많은 압력을 가했다. 이란의 석유 수입을 금지하는
연대를 만들어 유럽 등 많은 나라에 이란의 석유 수입을 금지
시켰다. 소련 같은 경우는 수입한 석유의 대금을 결제를 해주
지 않았고, 심지어 예전에 가지고 있던 석유 부채에 대한 상환
을 보류하기도 하였다.

영국과 소련은 석유 국유화 조치를 철회시키기 위해 이란
국내의 자국 지지 세력을 이용하기도 하였다. 대표적인 단체
가 바로 투데당이다. 이들은 소련의 사회주의를 지지하는 자
들로 이들은 아야톨라 카샤니와 모사데크 정부 사이를 이간질

하여 이들의 사이를 벌어지게 하여 이란의 석유 국유화 정책에 대한 결속력을 약화 시켰다.

모사데크 총리의 석유 국유화 정책에 대한 국내외 저항은 거셌다. 국내에서는 팔레비 왕이 가장 대표적인 반대자였다. 모사데크는 국내 정세를 완전하게 장악하기 위해서 왕에게 군대의 통수권을 요구했지만 왕은 이를 거부하고 모사데크를 해임하였다. 팔레비 왕은 가범 살타네를 새로운 총리로 임명하였지만 이 소식을 들은 아야톨라 카샤니를 비롯한 수많은 사람들이 이 임명에 반대하며 들고 일어났다. 아야톨라 카샤니는 48시간 안에 이 임명을 철회하지 않으면 이란 국민과 함께 거리로 수의를 입고 나와 반정부 시위를 할 것을 선언하였다. 그리고 실제로 이에 항의하며 거리로 뛰쳐나와 모사데크의 사임에 대해 대대적 시위를 벌였다.(1952) 결국 무함마드 레자 팔레비는 굴복하고 가범을 사임시키고 다시 모사데크를 총리로 임명한다. 1953년 다시 모사데크를 제거하려던 왕은 실패하고 국외로 망명하게 된다.

이란의 국내 상황을 지켜보던 CIA는 모사데크를 끌어내리려는 친위 쿠데타를 감행한다. 1953년 자헤디 장군이 지휘하는 군대가 미국을 등에 업고 쿠데타를 일으켰고 모사데크를 해임하고 국외 망명 중이던 무함마드 레자 팔레비를 복귀시킨다. 이 일을 주도한 미국은 이후 이란 내에서 막강한 영향력을 갖기 시작한다.

팔레비의 개혁과 혁명의 시작

이란의 석유 국유화 사건 이후에 미국은 이란 사회를 개혁하지 않고 계속 봉건적 사회 상태로 남겨 두면 자신들의 이익이 이란 민중의 봉기로 인해 없어질 수 있을지도 모른다는 불안감을 갖게 되었다. 그래서 결국 이란 사회 개혁 프로그램을 만들게 되었고 친위 쿠데타로 다시 왕으로 복귀한 무함마드 레자 팔레비는 미국에 이란 사회의 개혁과 근대화를 약속하였다.

당시 이란의 유일한 마르자에 타클리드('모방의 원천'이라는 뜻으로 가장 높은 최고 성직자를 일컫는다)는 아야톨라 보르제르디였다. 무함마드 레자 팔레비 왕은 아야톨라 보르제르디를 존중하지 않았으며 이슬람과 고위 성직자들을 무시하는 언행을 종종 하였다. 아야톨라 보르제르디의 사망 후에 팔레비 정부는 이슬람 성직자들의 권력이 약해졌다고 보고 1962년에 지방의회 법안을 만들어 비준하였다.

이 법안에 따르면 의회에 선출된 사람이 기존에는 쿠란에 선서를 했던 반면 이제는 모든 신성한 책에 선서를 하면 되는 것으로 변경되었다. 또한 여성들에게 선거권과 피선거권을 부여하였다.

호메이니는 마르자에 타클리드로 등극한 후에 이슬람을 무시하는 이 법안의 철폐를 위해 꼼과 많은 도시의 울라마(성직자)들, 심지어 이라크 나자프에 있는 성직자들과도 연대하여

83

법안 철폐 투쟁을 지속하였다.

투쟁 초기 팔레비 정부는 저항 세력들을 위협도 해보고 달래 보기도 하고 세력을 진압하기 위해 애를 써봤지만 결국에는 수많은 이란 사람들이 동참한 시위를 진압하지 못하고 이 법안을 철회하게 된다.

무함마드 레자 팔레비 왕은 1963년 다시 이란의 근대화를 위한 6개의 조항을 국민투표에 부친다. 이 위로부터의 개혁은 서구화와 근대화를 위한 무함마드 레자 팔레비의 특단의 조치로 '백색혁명'이라 불린다. 이 6가지 주요조항은 토지개혁, 산림 목초지 국유화, 국영사업장 매각, 근로자에 회사 이윤 분배, 문맹퇴치운동, 선거법 개정 등을 골자로 하고 있다.

이 혁명에 따라 여성에게 선거권이 부여되었으며 가족법을 개정하여 남녀차별을 최소화하였다. 문맹퇴치운동의 일환으로 전국 곳곳에 초등학교가 세워졌으며 문맹퇴치 계몽단이 발족하였고 시골마다 계몽차를 보내 운동에 박차를 가했다.

또한 백색혁명의 가장 핵심인 토지개혁을 위해 무함마드 레자는 스스로 솔선수범하여 왕실 토지를 농민에게 나누어 주었다. 그러나 울라마(성직자)들은 종교 토지를 많이 가지고 있었기 때문에 자신의 토지를 농민에게 헐값에 양도하는 것에 강력히 반대하였다.

문맹퇴치운동으로 이란 국민들이 교육되면서 일차로 울라마들의 영향력이 약화되고, 토지 개혁으로 인해 재정적 기반이 약해지면서 정치적 기반을 잃어버린 성직자들은 강력하게 반反백색혁명 운동을 전개했다.

이란은 1950년대 이후 석유 판매액이 급격히 증가하면서 경제발전을 이루었다. 1960년대에도 호황은 지속되었고 백색혁명을 이끌어 갈 수 있는 재정적 뒷받침이 되었다. 1970년대 들어서 오일쇼크로 생긴 잉여수익을 조속한 근대화를 위해 과감히 투자했지만 급격한 변화에 대한 울라마와 전통 시장 상인들로 대변되는 전통 사회의 반발이 생각보다 거셌다.

백색혁명에 대한 반발은 호메이니를 중심으로 하는 고위 성직자들을 중심으로 일어났다. 1962년 테헤란에서 이 법안을 만들 무렵부터 반대하는 시위가 시작되었고 꼼에서도 많은 사람들이 거리로 쏟아져 나와 반정부 시위와 국민투표를 반대하는 시위를 시작하였다. 무함마드 레자 팔레비는 이 상황을 직접 해결하기 위해 꼼을 방문했지만 실패했다.

이 시기에 이슬람 혁명의 씨앗이 되는 사건이 발생한다. 무함마드 레자 팔레비는 1963년 꼼의 페이지예 신학교에 운집하여 백색혁명에 반대하며 반정부 시위를 하던 학생들을 무자비하게 진압하여 많은 사상자를 낸다. 이 일은 많은 이란인들의 가슴에 남게 되었고 혁명의 불씨가 된다.

페이지예 신학교의 무자비한 탄압 이후에 호메이니는 성직자들과 이란 사람들에게 정부의 만행에 침묵하지 말고 저항할 것을 독려한다. 1963년 라마단 달의 시작과 함께 반백색혁명은 격렬해졌다. 매일 호메이니는 연설을 통해 반정부 투쟁에 나설 것을 촉구하였다. 왕은 호메이니의 영향력이 점점 커지는 것을 보면서 결국 그를 추방한다.

Tip. 카르발라 사건과 아슈라(이란어로 '어슈러')

시아 이슬람이라는 종파가 발생하게 된 결정적 계기가 된 사건이자 시아 이슬람의 최대 기념일인 아슈라의 배경이 되는 사건이 바로 680년 1월(Muharram)에 카르발라에서 일어난 3대 이맘 후세인의 순교 즉, 카르발라 사건이다.

죽음도 불사하는 불의에 대한 저항을 상징하는 이 사건은 이슬람 혁명을 위한 사상적 매개체가 되었다. 대부분의 반정부 시위가 아슈라에 맞추어서 진행되었으며 호메이니는 자신을 이맘 후세인으로 무함마드 레쟈 팔레비를 야즈드로 빗대어 연설하였다. 시아파에서 가장 큰 종교 절기인 아슈라를 정치적으로 잘 이용했다. 이슬람 혁명을 이해하기 위해 이 사건을 이해하는 것이 중요하다.

제4대 정통 칼리프이자 시아 이슬람의 제1대 이맘이었던 무함마드의 사위 알리는 661년 하와리지파에 의해 이라크 쿠파의 모스크에서 암살당했다. 후에 그의 첫째 아들 하산이 이맘 직을 계승하였으나 유약했던 하산은 곧 우마이야조를 건설한 무아위야에게 충성을 맹세했고, 후에 암살당한다.

무아위야는 칼리프 직을 자신의 아들인 야지드에게 물려주고 죽는다. 그 이후 칼리프 직은 초기의 민주적 선출방식에서 벗어나 전제 왕권처럼 세습을 하게 된다. 시아파에서 선과 정의의 상징이었던 후세인은 671년 형인 하산의 뒤를 이어 이맘 직을 계승하였다. 680년 칼리프가 된 야지드는 후세인에게 자신에 대한 충성의 맹세(Bay'a)를 요구하였다. 이를 거부한 후세인은 성소였던 메카의 하람 사원으로 피신하였다. 후세인은 이곳에서 약 네 달 동안 기거하였다. 메카에 있는 동안 그는 이라크 남부에 위치한 쿠파의 백성들로부터 많은 서신을 받았다. 그들은 후세인에게 야지드의 폭정에 대항할 반란의 지도자가 되어줄 것을 부탁하였다. 후세인과 그의 가족 그리고 측근들은 메카를 떠나 쿠파로 이동하기로 결정하였다. 메카를 떠나기 전 후세인은 그곳에 순례를 위해 모인 사람들에게 자신은 순교를 당할지도 모르지만 야지드 정권의 불의와 폭정에 대항하기 위해 떠나야만 한다고 말했다.

칼리프 야지드는 쿠파로부터 후세인에게 편지들이 전해졌다는 소문을 듣고, 먼저 쿠파의 시아 지도자들을 처형했으며, 군대를 파견하여 이라크 남부 유프라테스 강 근처 카르발라에서 이맘 후세인과 추종자들을 포위하였다. 히즈라(이슬람력) 61년(680) 1월(Muharram) 야지드의 군대는 이맘 후세인과 추종자들을 사막에서 포위한 후 9일 동안 물의 공급을 차단하였다. 10일째 되던 날 이맘 후세인과 추종자들은 밤 예배를 마친 후 3만여 명의 야지드 군대에 의해 무참히 처형되었다.

거의 모든 남자들의 머리는 신체로부터 절단되었으며, 후세인의 여동생인 자이납(Zaynab)을 포함한 여자들은 포로가 되었다. 후세인의 머리는 다마스쿠스의 야지드에게 보내졌다. 시아파의 역사에 따르면, 야지드는 후세인이 다시는 쿠란을 낭송하지 못하도록 막대기로 그의 머리를 정신없이 후려쳤다고 전해진다.

매년 무하람 달 1일부터 9일까지 매일 밤 이들의 순교를 애통해 하며 이들은 이 의식을 치른다. 이 의식을 진행하면서 이들은 후세인의 순교의 의미를 되새기고 죽음을 예감하고도 정의를 위해 죽음을 택한 의로운 후세인을 기리고 그의 의도를 닮고자 하는 마음으로 이 의식을 행한다.

이맘 후세인의 참수된 몸체가 묻혀있는 카르발라는 시아 이슬람에서 가장 성스러운 장소이며, 매년 수많은 시아 무슬림들이 순례를 하기 위해 방문하는 장소이다.

1979년의 이슬람 혁명에서 가장 즐겨 사용했던 말이 바로 "매일 매일이 아슈라이고 어디나 카르발라이다."라는 구절이다. 시아 무슬림들 머릿속에 박혀 있는 1,300년간의 핍박, 불의와 폭정에 대한 분노 등을 잘 이용한 것이다.

이슬람 혁명

1963년에서 이슬람 혁명까지

미국인 치외법권 법률 통과와 페이지에 신학생의 사망 등의 책임을 물어 당시 총리였던 만수르는 사형에 처해지고 왕의 추종자인 아미르압바스 호베이더가 새로운 총리에 오른다. 1963년의 격렬했던 시위는 진압되었지만 반정부 투쟁이 결코 끝난 것이 아니었다. 다양한 영역에서 많은 사람들이 이슬람 혁명 이전까지 끝없는 투쟁을 지속했다.

정치적 투쟁

이란 국내외적으로 정치적인 면에서 반정부 투쟁은 세 계층이 중심이 되어 진행되었다. 첫째, 나자프의 이맘 호메이니와 그의 지지자들, 둘째 국내의 종교 지도 그룹과 최고 종교 지도자들, 셋째 국내외 대학을 중심으로 하는 대학생들.

지적 문화적 투쟁

정치·사회적 투쟁을 위해 반드시 필요한 것이 그 투쟁의 필요성을 알리는 것이다. 왕을 향한 반정부 투쟁 역시 많은 이란 사람들이 이 투쟁의 필요성을 알고 진행될 필요가 있었다. 호메이니는 나자프에서 많은 신학생들과 함께 이슬람 정부에 대해서 토론하면서 이론을 정립하였다. 이란에서도 아야톨라 모르테저 모타하리와 알리 샤리아티 박사 같은 사람이 이슬람 정부와 같은 이론적 영역을 연구하여 책을 발표하고 쿠란을 연구하여 진정한 이슬람과 정부는 어떤 것인지를 모스크와 학교에서 토론하고 연구하였다. 이렇게 정립된 이론들이 책으로 출판되어 알려졌다. 이 책과 함께 직접적 혹은 간접적 형태로 이론들이 퍼져 가면서 많은 사람들이 세속 정부가 아닌 이슬람에 입각한 정부에 대해 인식하기 시작하였다.

무장 투쟁

꼼과 테헤란의 무자비한 진압 이후에 점점 이란의 젊은이들 사이에 무장 투쟁에 대한 필요성이 대두되기 시작하였고, 몇몇 단체는 무장을 하고 무장 투쟁을 추구하게 되었다. 1963년 이후 이슬람 단체건 비이슬람 단체건 간에 무장 투쟁의 방법을 택하기 시작하였다. 이 무장 단체들은 정부와 관련된 사람 혹은 외국 세력과 결탁한 사람에게 테러를 가했지만 많은 이란 사람들의 지지를 받지 못했다. 그 이유는 무장 단체와 일반 사람들과의 관계가 극히 제한되어 있었기 때문이다. 또 이들 중에는 비이슬람적 의도를 가지고 혹은 반이슬람적 생각으로 이 일들을 진행한 측면이 있었기 때문에 사람들의 믿음을 얻지 못했다.

1977년의 이란

1977년 카터가 미국의 새로운 대통령으로 당선된 후에 미국의 대외 정책에 변화가 생긴다. 이 정책 변화에 따라 이란도 변할 수밖에 없었다.

새로운 미국 정부는 독재로 고통 받는 나라들에 정치·외교적 압력을 가해 독재적 요소를 없애고 국민들에게 정치적 자유를 부여하도록 하였다. 이 정책을 따를 수밖에 없었던 이란 정부도 13년 동안 총리였던 아미르압바스 호베이더를 사임시키고 새로운 총리로 잠쉬드 아무즈가르를 임명하였다. 반정부 단체의 힘도 세져서 성직자들과 대학생들 그리고 그 외의 다른 그룹들이 연합하여 대학교와 모스크 그리고 신학교를 중심으로 반정부 투쟁에 열을 올렸다. 그들의 요구 중에는 정치범의 석방이 포함되어 있었으며, 1977년은 새로운 반정부 투쟁이 시작된 해로 기억되고 있다.

또한 1977년 호메이니의 아들인 모스타파의 사망 소식이 알려지면서 각지의 투쟁은 더욱 격화되었다. 더구나 이 죽음이 단순한 사망이 아니라 왕이 관련된 암살이라는 소식이 알려지면서 이란의 무슬림들은 더욱 큰 슬픔에 빠졌다. 꼼을 중심으로 한 대부분의 모스크와 신학교 및 대학교들은 호메이니의 아들을 애도하였으며 이 의식은 반정부 시위로 이어졌다. 호메이니는 자신의 아들이 죽은 후에 이 사건에 대해 성토하며 더 많은 사람들이 반정부 투쟁에 함께 할 것을 호소하였다. 이 호소는 파괴력이 있었다. 그동안 함께 하지 않은 많은 사람들이 호메이니와 함께 하는 반정부 투쟁에 동참하였다. 정부기관 신문들은 여전히 호메이니를 헐뜯는 기사를 실어 국민의 반감을 더욱 부채질하였다.

호메이니를 모독하는 기사들에 대해 가장 큰 반감을 보인 것은 꼼의 신학생들이다. 이들은 수업을 거부하고 꼼에 있는 마르자에(최고 종교 지도자)의 집에 모여 반정부 투쟁을 하며 정부보다 성직자들을 신뢰하고 지지하고 있음을 보여주었다.

이슬람 혁명의 성공

1978년은 팔레비 정권에 대한 이란 국민들의 분노가 폭발한 해이다. 비록 호메이니가 멀리 떨어져 있었지만 많은 이란 사람들은 그의 연설과 설교를 나자프로부터 테이프 혹은 문서 등으로 끊임없이 들으면서 자신들의 행동 지침으로 삼았다.

호메이니는 그의 연설을 통해 팔레비 정부에 지속적으로 투쟁할 것과 자신과 함께 왕정을 전복할 것을 독려하였다. 팔레비 왕은 이러한 진행 상황을 보고 잠시 양보의 기미를 보이기도 했지만 결국 다시 이들을 탄압했다.

1978년 라마단 달, 이란 국민들의 반정부 투쟁은 절정에 이른다. 특히 라마단 마지막 날에는 각 모스크의 설교자들이 왕이 물러날 것을 강력히 촉구하며 곳곳에서 강력한 시위를 동시에 진행했다. 특별히, 테헤란의 설교자였던 무함마드 오파테흐 박사와 모함마드 자버드 버호나르 박사는 왕을 강렬히 비난한다. 이날 모인 수는 수백만 명이 넘었고 이들의 시위는 늦은 밤까지 계속되었으며 다음 날도 계속되었다.

1978년 9월 8일 금요일 새벽, 이란 라디오에서는 테헤란 및 15개 시에 전달된 정부의 담화문이 발표되었다. 이 담화문은 더 이상 거나 모스크에 모이지 말고 집으로 돌아갈 것을 강력히 권고하는 내용이었다. 7일 테헤란 사람들은 다음 날인 8일 사람들은 금요일에 절레 광장(현재는 쇼하더 광장)에 모여서 시위를 하기로 결정하였다. 당일인 8일 전날의 결정대로 정부의 위협 경고를 무시하고 그곳에 모여 들었다. 군 관계자들은 이들이 모이는 것을 목격하고 발포하여 수천 명의 사람들이 그곳에서 죽게 된다. 이란 사람들은 많은 사람들이 죽임을 당한 이날을 지금까지 검은 금요일이라 부르며 애도하고 있다.

이란에서 혁명의 불길이 타오르면서 이란 정부와 친밀한 이라크 정부는 나자프에 살고 있던 호메이니를 추방한다. 호메이니는 쿠웨이트로 망명을 시도했지만 쿠웨이트 정부의 거부로 결국 어쩔 수 없이 프랑스 파리 인근의 작은 도시인 노펠루셔투로 옮겨 가게 된다. 파리로 거처를 이동하면서 이란 혁명은 새로운 국면을 맞게 되었으며 이 프랑스의 작은 도시가 이란 혁명의 중심지가 되었다.

이 시기 이란 내 반정부 운동의 주체 세력은 대학생을 중심으로 하는 젊은 층이었다. 호메이니는 젊은이들을 격려하며 이란의 모든 사람들이 대학생과 젊은이들처럼 왕을 추방하는 혁명에 동참할 것을 촉구하는 담화문을 연일 발표하였다.

11월 4일 마침내 수많은 학생들이 대학에 모여 왕의 하야를 요구하는 시위를 대대적으로 진행한다. 이때 군대는 그들을 포위하고 발포하여 많은 학생들이 목숨을 잃는다. 지금 이란에서는 이날을 기념하여 학생의 날(이란력 8월 13일)로 정했다.

대학생에 대한 잔혹한 탄압 이후에 왕은 라디오와 텔레비전을 통해 이 사건에 대해 해명을 하며 국민을 진정시키고자 했지만 성공하지 못했다. 이맘 후세인이 순교한 무하람 달이 오자 더 많은 사람들이 함께 규합하여 반정부 투쟁을 진행하였으며 타수아와 아슈라 날에는 역사상 가장 많은 사람들이 운집하여 반정부 집회를 가졌다.

미국 정부는 더 이상 왕과 그 정부가 국민들의 반정부 투쟁을 통제할 수 없다고 판단하고 새로운 정책을 세웠다. 이 정책에는 왕이 이란에서 망명을 하는 것을 기본으로 하고 있었다. 또 이란 혁명을 주도하는 세력을 진정시키기 위해 팔레비 정부에서 일하지 않았던 샤푸르 바흐티여르를 총리로 새로운 정부를 구성하였다.

1979년 호메이니는 혁명회의를 구성할 것을 명령하였고 같은 달 왕이 이란에서 탈출하였다. 이 소식을 들은 국민들을 거리로 뛰어나와 환호하였으며 축제를 열었다. 왕의 망명 소식이 알려진 며칠 후 호메이니가 이란으로 돌아온다는 소식을 들은 바흐티여르 총리는 공항을 폐쇄하여 호메이니의 귀환을 막았다.

호메이니는 즉각 바흐티여르 정부도 불법적 정부로 선언하였고 결국 1979년 수년 간 타지에서 혁명을 지휘한 호메이니는 수많은 군중의 환영을 받으며 입성하며 이슬람 혁명을 승리로 이끈다.

프랑스엔 〈크세주〉, 일본엔 〈이와나미 문고〉,
한국에는 〈살림지식총서〉가 있습니다.

📖 전자책 | 🔍 큰글자 | 🔊 오디오북

이란의 역사 이슬람의 유입에서 이슬람 혁명까지

| 펴낸날 | 초판 1쇄 2008년 8월 25일 |
| | 초판 5쇄 2023년 12월 5일 |

지은이	유흥태
펴낸이	심만수
펴낸곳	(주)살림출판사
출판등록	1989년 11월 1일 제9-210호

주소	경기도 파주시 광인사길 30
전화	031-955-1350 팩스 031-624-1356
홈페이지	http://www.sallimbooks.com
이메일	book@sallimbooks.com

| ISBN | 978-89-522-0984-9 04080 |
| | 978-89-522-0096-9 04080 (세트) |